Idea man

Idea man

Idea man

Idea man

5日で身につく「伝える技術」

五天變身說話達人

暢銷改版

西野浩輝——著

Nyako——譯

自序　

學會表達的技巧，你也可以是說話達人！

學習「表達的技巧」是現代商業人士的必修科目。除了極少部分之外，幾乎所有工作都是以溝通為基礎，否則在與他人完全沒有往來的情況下，工作很難進行。要讓溝通達到效果，就得要靠「表達的技巧」。

在此之前，我們都認為，「我是日本人，當然會說日語」，因此想要學習更具效益、效率的口說表達技巧的欲望很低。但是自從外資企業開始進駐，在商業世界裡，優秀演說者不斷地增加，其重要性也逐漸被認識。現在，在我所擔任顧問的企業中，已有不少將「如何提升員工表達能力」視為公司的一大課題。良好的表達技巧如何關係到公司未來的成長、安定，當然並非是言過其實。

目前我接受一些上市企業為主的數十家公司委託，以研修的方式，為公司員工指導表達的技巧。也許我是老王賣瓜，接受研修的人大都給予我很高的評價。列舉其中幾個具代表性的評語如下：

「進入公司以來，這是在我所參與過的講習中，學到最多的一門課。因為以前從來沒有學過相關的基礎表達課程，所以常因缺乏自信而選擇逃避發言。藉著這次上課的契機，未來會想要多多實踐。」（半導體公司員工）

「過去雖然對於自己不成熟的表達技巧感到煩惱，但卻不知要如何才能更好，現在我覺得自己已經進步很多。」（生命保險公司員工）

「這堂講課，是我至今上過最棒的一堂課。內容十分充實，同時也讓我的頭腦好好地思考了一番。」（證券公司員工）

整體來說，我最常聽到的就是「如果可以早點來上這堂課就好了」、「還想再多上一點課」等。除了感謝這些學員的厚愛外，另一方面又恨不得自己能有個分身。但即使我的人生都全心投入這些研修課程，能夠直接授課的對象仍是十分有限。

此外，有很多人雖然充滿提升個人表達技巧的企圖心，卻苦無學習的場所。即便我想直接授課，卻苦於目前無法實現的狀況中。

因此，透過本書，我會竭盡所能寫下所有知道的「表達技巧」，以此方式傳授給更多需要的人。本書可說是集結了我超過數十年以上的經驗，將所學之技巧集大成。我將不藏私地全部在此大公開。

出版這本書的目的是，希望在短短的五天內，幫助讀者提升表達技巧。當然並不是說讀完書後，就可立即變成一流的說話高手。我雖想讓各位光是讀完本書就能學到很好的技巧，但還是需要更多的練習，才能達到學成的地步。

但我相信，只要按照書中的引導去改變自己的表達方式，就是成為完美演說者的最佳捷徑。包含我所擔任顧問的企業在內，已有一部分學員發現，學習「表達的技巧」，就是開始步入完美演說者之路。我保證在這條路的前方，一定有個截然不同的精彩世界在等著各位。

我祈願現在正將這本書拿在手上的你，能夠跟我們一起走向康莊大道。

西野浩輝

目錄

第二天 基礎篇1

把話說得更有趣速成法

第三天

基礎篇2

讓人願意聽的説話結構法

第四天

基礎篇3

讓人一聽就信你的表現技術

第五天

實踐篇

一起來學習訓練的方式吧！

第一天

入門篇

一起來學習基本表達技巧吧！

表達力差造成損失慘重

說話很無聊，連客戶都聽不下去

大約是十多年前發生的事。當時我在某家公司當業務。有回初次拜訪新客戶後要離開時，接待的人送我到門口，一邊笑著說：「西野先生真是談笑風生，以後請務必給我機會向你討教。」這真是令人開心的反應。接待的人接著又說：「○○社或是××社（其他競爭對手）的業務員講話非常無聊，令人不想花時間在他們身上。」

之後，我又拜訪這家公司一到兩次，對方很爽快地下訂單，此後也成為固定客戶，並維持長年往來。

回想當時的情況，與我一同競爭的其他公司業務員，到底做錯了什麼？我想，那些競爭公司的業務們，應該也是以自己認為的方式拚命拜訪客戶，誠心誠意對待客戶。但結果卻被客戶說：「講話很無聊，不想花時間在他們身上。」顯然這些業務的努力及誠意，並沒有帶來好的結果。

為何會有這樣的結果？結論很簡單，就是表達技巧不足。就算是再努力，再怎麼有誠意，若無法掌握適當的表達技巧，有可能一切都是白費。所以這就是擁有適當技巧的人（例如拿下這個案子的我），能夠得到所有好處的原因。

●只是「不會說話」，就失去數億元商機

再舉另一個例子。

有一次某投信公司舉辦招商大會，提供機會給多家想要爭取投資的創投公司，向投資人展現自家的商品或服務。

招商大會的聽眾很多，約有兩百人左右，我也是其中之一。當時我還很少接觸到

創業家或是創投經營者，對於這些人能有多少能耐，我完全沒有概念。但光憑印象，我暗自以為，「所謂的創投經營者，一定是很善於表現的人吧！」但事實上卻完全相反。

這些創投經營者開口就是一連串的專業術語，加上聲音語調含糊不清，只比蚊子強些，更是讓人聽不清楚。總之，到底說些什麼令人費解。

就算只看這些創投經營者外表，也與我想像中應該有的旺盛精力，以及軒昂氣宇完全不同，竟還有人是駝著背，避開聽眾眼神，只盯著自己的資料讀。

在第四個人上台發表時，我仍耐著性子繼續聽下去，不斷告訴自己，也許下一個上台的人會表現更好，但是卻一直沒有出現優秀的演說者。不論是哪一個創投經營者都表現平平。

最後我實在覺得太無趣，中途便先行離開，心想「看過這場演說，應該怎樣都無法說服金主投資，數億元的生意一瞬間就全部泡湯，真是可惜！」

後來果然不出我所料，聽說這場招商大會上，沒有半樁生意成交。

當然，也有些經營者很擅長演說。目前我所遇過的人中，就屬樂天的三木谷浩史先生或旗下擁有「MON-SOON CAFE」等多家連鎖餐廳的「GLOBAL DINING」經營者長谷川耕造等人，最令我印象深刻。說不定，善於演說也是他們身為成功經營者的因素之一。

順帶一提的是，我在本書中提到的「PRE-SENTATOR」一詞，其實是我自創的字。在英文裡一般應是指SPEAKER，偶爾也會

別再找藉口，推說「不會說話」了

前述的故事是我在擔任業務員時，還有參與創投公司招商大會的小故事。在這些故事裡有兩個共通點：

第一點，這些人從來沒有好好磨練過自己的表達技巧；第二點，他們對於自己因不善表達而導致損失這件事，完全不自覺。

第二點的「不自覺」尤其是致命的一點，因為他們對於為何得不到好的結果，完全不知其緣由，因此始終在錯的地方努力。

現在我以教授表達技巧的演說專家身分，在各界講授相關技巧，已有不少人在上過課及研修後，深切發現表達力的重要性。

在職場上，需要談話及表達的情形真的很多，除了要向顧客公開演說外，還有面試、面談、向上司報告、向部下或其他部門傳達訊息等，各種情況多到數不完。

既然表達技巧的重要性會逐漸增加，甚至若是以不具備「表達的技巧」為由，

用 PRESENTER，但這兩個字在日文裡分別被譯成兩個不同的字，我為了要避免誤解而造出「PRESEN-TATOR」這個字。

而被貼上失敗者標籤的話，那可真是不妙。現在已經是個無法接受「我不太會說話……」這種藉口的時代了。

那些沒有掌握表達技巧的商業人士，竟然在不知不覺中損失慘重。

有些人會在演說前，就先來一段冗長的藉口，「接下來若是我不太會說話，而汙染了各位的耳朵，我感到十分抱歉……」我認為這種藉口很不好，因為聽眾不是為了聽這番話而來。這樣的說法，只會讓人覺得「怎樣都好，快點開始吧！」事實上，你所能做的，只有努力發揮實力。只要能做到這點，就已經足夠。

阻礙學習的三個錯誤觀念

不想學表達技巧的原因

說話與表達的重要性，我想已經不用再重複強調贅述。因為與人溝通就得靠說話，但即便如此，會因此想要積極加強說話技巧的人，卻少之又少。

我努力思考為何會有這種現象，發現原來是因為存在幾種「道聽塗說」的方法，妨礙了大家學習正確「表達技巧」的意願。

顧名思義，「道聽塗說」是指在路上聽到一些沒有根據的話，卻沒有加以考證，任誰也無法證實其真偽。

以下我舉出三個道聽塗說的例子，我認為這些全都是捏造出來的謊言。我希望大家能夠看清這些謊言，從中解放出來，並且認知到「表達技巧」的重要性。

●道聽塗說之一：即使不善表達，只要慢慢說請楚，對方也能理解

假使知道自己不善表達，就要想辦法將這種狀態正常化，也就是把話說清楚。如此，就能把「一直講個不停」的表達方式，改進成「即使不擅長表達，但是只要可以讓我慢慢說，你就會聽懂。」

在我擔任管理階層的進修講師時，就曾遇過這種典型的例子。那時我出了一個題目，叫作「我理想中的上司」，讓所有學員輪流上台發表短篇演說。

依著順序的推進，終於輪到A先生上台。A先生對於必須在所有學員面前說話而感到緊張，結果講得七零八落。

我想，A先生也感覺得到自己的演說很糟糕，所以下台後不論碰到誰，都會小聲

的抱怨說：「我只是不會在短時間內把話說好，如果可以再給我多一點時間慢慢講就好了。」

我猜他的原意是想要我順勢幫他圓場，但我卻反問他：「要在短時間內把重點說完，確實需要技巧。不過以您（A先生）的立場來看，若不能做到的話，對您的部下來說，難道不會感到困擾嗎？」

A先生聽了我的說法後馬上回答：「我因為白天溝通不良，所以不足的地方都靠下班後挽回。我會邀部屬去喝一杯，再好好傳達自己的策略或想法給部屬知道。如果可以給我三小時去喝酒的話，我想不管跟誰都可以互相了解。」

看來A先生想要表達的是，「我自己現在這樣很好呀！」但如果他是你的上司，那你會怎麼想？

A先生的想法有兩個問題。首先，無法在短時間內表達重點的人，就算給他再多時間，大部分情況下也不會有什麼改變。

當然我不是要否定「喝酒時溝通」這件事，可以一邊喝酒一邊深入討論，代表可

不少人認為，「只要多說一點，就可以表達意思」。但大部分情況下，這是錯誤觀念。我反而認為，「說得越多，焦點就越模糊」。這也是為何有人會說，「資訊量過大的演說並非最好」的意思。好比說，聽一個人像機關槍一樣說個不停時，會讓人想要逃跑，我想任誰都有這種經驗吧！總之，在商場上說話就是要「言簡意賅」。

以分享彼此的感覺，並找出雙方認同的部分，但是這個方法只適用在尋求情感上的認同。對於企業方針或對工作的指示等，若要花很多時間傳達的話，那並不是一個好的解決方法。重點是：生意上的溝通和為了要搏感情的聊天，不可以混為一談。

至於第二個問題點，是有閒工夫聽你慢慢說話的人應該不多。在這種情況下，A先生可說是非常幸運，因為他的部屬願意花三小時陪他（不過部屬們是否心甘情願，就不得而知了）。但實際情況總是事與願違，例如在營業現場或向上司提案時，絕大部分都是時間十分有限。

不知道大家有沒有聽過「電梯間的演說」一詞。矽谷的創業家會假裝與投資人在同一部電梯中「巧遇」，在投資人出電梯前向對方進行遊說。換句話說，就是要在對方進出電梯的短短時間內，進行一場短篇演說。

這個詞的出現，主要是因為越重要的投資人就越忙碌，可以給你的時間就越有限。若是你又無法在短時間內說明，讓聽的人了解重點，馬上就會被打斷話題。這種嚴苛的場面屢見不鮮。

尤其現代商場十分講求效率，無法收束的長篇大論，已經令人難以接受，更別說可以慢慢講到讓對方理解。不會說話的人，對方連讓你好好說話的機會都沒有。很遺憾的，事實就是如此。

●道聽塗說之二：比起自己說不停，聽別人說反而受歡迎

舉例來說，在以業務為考量的狀況下，我們確實常聽到有人說：「好的業務員反而不輕易開口說話」，這個原因是「業務員若開口就會讓人覺得是來推銷商品，所以還是不要輕易開口比較好。只要依照客人的疑問，確實回應需求或解決對方煩惱就夠了。」

在某些情況下，這個說法確實是正確答案，但是否真是如此呢？

依照客人的疑問，確實回應顧客需求或解決其煩惱，這點我完全認同，但之後的處理過程卻有瑕疵。

請試著想像，當客人說出自己或是公司的需求、煩惱後，還會想要什麼？當然是可以滿足其需求或解決問題的答案。

這個時候，你若只是單純地疾呼，「我們公司的產品一定可以解決您的煩惱！」其實已無任何意義。業務員必須能適切地表達出，「我們公司的商品或服務，可以滿足並解決怎樣的需求或煩惱。」

讓對方知道「我正在聽！」也需要技巧。

「比起自己一味地說話，可以聽別人說反而更受歡迎。」這個前提是所有人都想要說自己想說的事情，所以一個可以提供發表意見的地方，同時還願意安靜聽他說話的人，當然會受到歡迎。

那麼，要如何讓對方知道，你正安靜地聽他說話呢？難道只是靜靜地在一旁，就可以讓對方感受到你正在聽嗎？答案當然是「不」！

讓對方知道「我正在聽！」是必要的。換句話說，以對方說話的內容為基礎，接下來就換你回應了。當顧客說完公司的需求或煩惱後，就會期待能夠得到解決方案，

若要成為會「聽話」的人，卻不善於演說是不行的。擅長聽人說話者，一定可以在某個段落時，將對方所說的話進行摘要整理或是換句話說。此時，若沒有清楚且豐富表現力回應對方，實在很難讓人覺得你擅長「聽話」，所以這也可說是演說的一部分。

並尋求你的反應。此時，如果你不善於表達，還能讓對方清楚地知道「我有聽進去」嗎？也就是說，如果你不善說話，恐怕也就不善於「聽話」了。

道聽塗說之三：會說話靠天分，老怪自己「天生」不會說話

有不少人會認為，「我天生就是不會說話」。大家似乎都認為，說話的技術很難靠後天訓練，這可是大錯特錯。

表達技巧可以靠後天養成，只要努力去做，任誰都可以不斷精進、到達出神入化的程度。

我身邊就有好幾個實例可以證明。其中最值得一提的，就是家母的例子。

家母是個生活在中上家庭裡的全職主婦，說穿了就是一般歐巴桑。但她在大約過

了五十歲後，好像突然想到什麼，竟然開始去上起禮儀相關課程。「養育下一代的工作已經告一段落，我從以前就夢想能夠成為一位老師。」她說，聽來目標應該是想成為禮儀老師。

過沒多久，家母上了禮儀課程後還上起說話課，結果她又說：「我想成為教授說話技巧的講師。」

當時家人都以為家母只是一時興起，不會認真去做。一個不需要特別會講話的普通歐巴桑，不知在說什麼大話呀！但跌破大家眼鏡的是，經過數年的學習，家母實現了當初所說的話，竟然真的成為教授說話技巧的老師。

當然家母也不是毫不費力就辦到，家母不斷地讓我們見識到她多麼努力，我也曾好多次被迫當她的聽眾，成為她的白老鼠。

這些努力也為家母帶來相對的回報。此後，家母不僅擔任讀書會、文化中心的講師，甚至還受聘擔任企業講師，教授禮儀、說話技巧。家母的例子，也讓我親眼見證，說話技巧是可以靠後天養成的事實。

「比不上外國人」是因為練習不夠

接著再介紹另一個例子。

當我接到企業需要提升演說能力的案子時，常常會以日本企業與外資企業做比較，特別是較常向大眾演說機會的業界，更有明顯的傾向。大家都會齊聲說：「日本人的演說能力比不上外國人。」但究竟是哪一點比不上外國人呢？

「美國人從小就有很多機會在眾人面前說話，因此接受過許多訓練。所以要比演說，我們根本比不上，他們是特例。」言下之意就是，日本人從小開始就比外國人起步慢，所以不論怎麼努力，都比不上外國人。

但真是如此嗎？整體而言，美國人在演講或是演說上的學習與機會，確實是比我們多出好幾倍，但這不只是在孩童時期如此，即使長大成人後也一樣。

我曾長年待過外資企業，對於他們的演說練習量也感到十分驚訝。我覺得自己已經比其他人多出數倍的訓練，但他們的努力甚至還是凌駕在我之上。

當我們還在為「比不上外國人」而自暴自棄的時候，他們仍持續練習，就好像當你還坐在業餘球隊的板凳上休息時，鈴木一朗仍舊努力不懈地要將自己的擊球姿勢調整到最佳狀況一樣，難怪彼此間的差距會不斷拉大。

對我而言，「善於說話是一種天賦才能」這句話，只不過是一句為自己不願努力而找的藉口罷了。若無法從根本上改變這樣的想法，往後這輩子你的說話技巧還是一樣爛的可能性非常高。

這是我以前工作的美系企業發生的事。有好幾次，我與一些以英文為母語的外國同事搭檔，一起在客戶面前進行英文簡報。每每在開會前，外國同事都還是不斷地練習、彩排。當然我也跟著他們一起準備，說實話，我也十分害怕。但對於他們這樣大量地練習以及專心致志的態度，我至今仍然銘記在心。

不知來源的話，
不加思索就拿來說服自己接受，那就完蛋了！

掌握三個學習重點，就能提升表達技巧

別嚇自己，學習之路很簡單

一旦看穿這些道聽塗說的謬誤，就能確切地感受到學習「表達技巧」的重要性。但還是有人無法表現出積極的態度。

為什麼呢？我想，他們應該認為學習表達技巧的門檻相當高，彷彿眼前有條十分艱辛的路在等著似的。但事實並非如此。

目前為止，我還沒在本書中系統性地介紹表達的技巧，所以容易讓人感到困難，但其實只要掌握以下三個重點，一定可以比想像中還要容易辦到。

第一點就是，有系統的從基礎學起。就像任何運動一樣，不管是學習滑雪、網球，一開始就用自己的方式，不從基礎學起，一定很難學得好，而且非常沒效率。學習表達的技巧也是一樣。因此本書將這些學習基礎分成五天，用讀者可以理解的步驟寫成。

第二點是累積經驗。日本有句俗語：「在榻榻米上練游泳」，意思就是不論你如何努力在榻榻米上練習游泳，只要沒有實際下水，也絕對無法學得好游泳。所以，確實去實踐、訓練，絕對不可或缺。

第三點是檢討、反省。落實檢討、反省每次演說的效果如何，還有講得好或不好的理由。

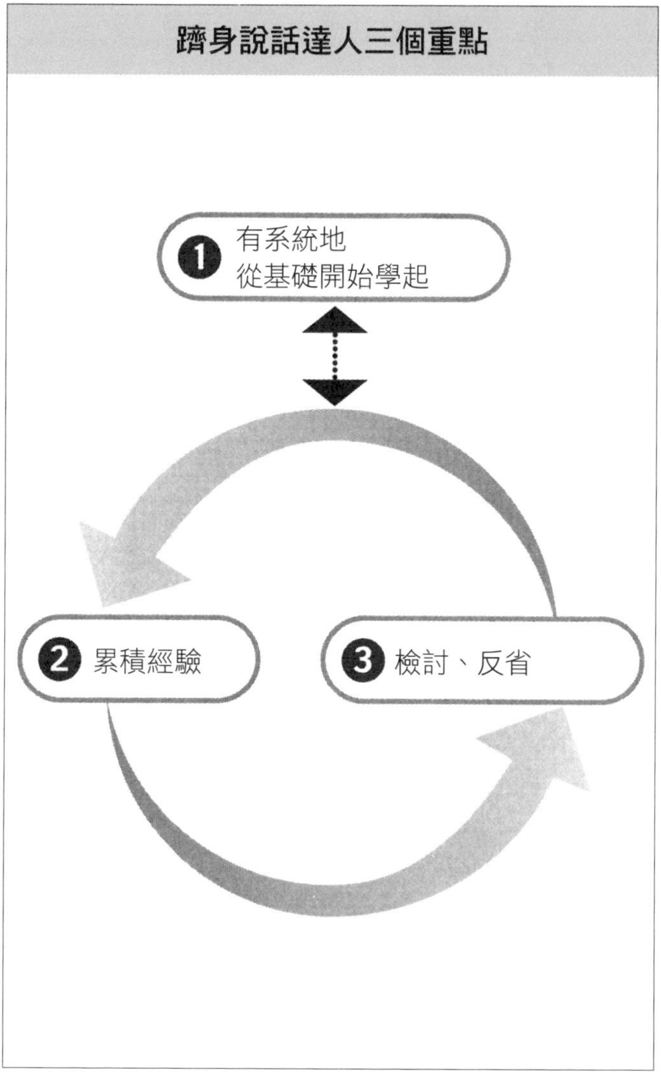

這個循環圖不只可以用在表達學習上，幾乎所有技巧都適用。其中特別重要的一點就是「反省」。就像工作方法的「計畫（Plan）」→「執行（Do）」→「審視（See）」中的「審視」這個部分。如同人們常說重視「審視」的人容易成功一樣，若是能重視「反省」的人也較容易成為說話達人。

拆解各項要素，一步步練習

大多數人都只滿足於一般會話的程度，因而缺少機會有系統的從基礎開始學習表達的技巧。在開始講述這項系統前，先來談一下要如何練習這些基礎技巧。

再此之前先岔開話題一下，不知道你喜不喜歡打高爾夫球？其實練習打高爾夫與演說訓練有些相似。請想像一下，如果你想在短時間內學會打高爾夫球，首先該怎麼做呢？難道只是隨便揮揮球桿就可以嗎？當然不是！

如果是初學者，一定會將打高爾夫球的幾個要素拆解，學習各項基礎並加以練習。包括球桿的握法、擊球的姿勢、揮桿時手腕舉放的角度等，先一一練習這些動作，再串連起來做成連續動作。最後才會考慮整體動作的協調性，將各項基礎技巧一併發揮，成為一名高球手。這也是一般高球手的養成過程。

這些步驟同樣適用在學習表達的技巧上。從開頭破題、言語組成、發聲方法到身體語言的運用等，先將說話時的各項要素一一拆解、透過個別學習，之後才統整在一起練習。

各項要素不一定都要練到精通，還要兼顧整體的協調性，並多次練習才最有效率。為了要更簡單地說明，我用數字來舉例。若將上述多項要素各改善一〇％，就能夠得到一・一×一・一×一・一×……這樣的效果。

發聲的方法進步了、身體語言的運用進步了、聲音的抑揚頓挫也較先前自然了……只要將這些小小的進步加總起來，就能讓你的表達能力突飛猛進。只要抓到要領好好練習，在相乘效果下，一定可以變身說話達人！

累積經驗是必要條件

為了避免不必要的誤會，我開宗明義先說，光是累積經驗並無法提升演說能力。例如（有一部分）大學教授或是政治家，他們雖然演說經驗豐富，卻未必說得好。但是要讓你的表達技巧更為精進，累積經驗是不可或缺的。所以說，累積經驗是必要條件，卻不是唯一條件。

所謂的必須累積經驗，就像不握好方向盤就無法把車開好的道理一樣，所以一定要有經驗。

客觀的檢討、反省最重要

「有系統地從基礎開始學起」、「累積經驗」、「檢討、反省」這三個學習重點中，又以「檢討、反省」最為重要。

名列世界前三大行銷顧問之一的美國行銷大師菲利浦·科特勒（Philip Kotler），曾應邀到我以前任職的公司進行演講。

科特勒的演講費一天要好幾百萬日幣，對大部分人而言，這高得驚人的演說費用或許得工作一年才能賺得到。實際上，這場演說實在太精彩了，演講內容更是令人覺得值得。

演講結束後，我以半朝聖的心情，匆匆趕往休息室，希望可以和大師說上一句話。我這小小的願望並未被回絕，一進去打招呼時，科特勒反而對我說：「Any feedback?」也就是「你聽了今天的演講，有沒有覺得我應該改進的建言呢？」

當下我非常地驚訝！同時，我也清楚知道，為何科特勒可以成為這樣一位知名的演說家；對於像我這樣一個初次見面的外國小伙子，他竟然還向我尋求建議，我想他平日必定也常這樣對身邊的人說吧！時時聽取別人的意見，進而改善，所以才能成為今天的演講達人。

即使像科特勒這樣優秀的演說家，都還會不斷地反省自己，我們還有理由偷懶嗎？

第一、有系統地從基礎開始學起；第二、累積經驗；
第三、檢討、反省。
如此一來就能突飛猛進成為說話高手！

凡是讀過行銷的人，一定都聽過科特勒，他被尊崇為行銷業界之神。其著作如《科特勒的行銷概念》、《行銷十大罪》……等均由東洋經濟新報社以日文引進出版，數量不下二十本。

此外，就連他的演說也深具感染力，讓人留下深刻印象。當年我與科特勒見面時，他已年近七十，但直挺挺的背以及中氣十足的說話聲，看來只有五十多歲。

培養分析演說能力的眼光

你「能辨識他人有演說能力」嗎？

我有一項「特異功能」。雖然沒聽過某人（假設為A）的演說，但是否A善於在眾人面前說話，我幾乎可以百分之百準確地辨識出來。為什麼呢？難道我擁有超能力嗎？很遺憾，並非如此。

真正的答案是，假使讓A聽過別人（假設為B）的演說後，我們請A說出對B的看法。這時如果A能說出許多看法，就表示他也是個很會演說的人；如果只能說出少數幾項，就表示A並不擅長演說。

所謂的可以提出許多看法，這與說出長篇大論並不一樣。我指的是，是否可以從各個觀點之中提出建言。如果可以說出許多具建設性的建言，表示他可以從一個題材中看出很多現象，同時如果覺得適用的話，在自己發表感言時就可以現學現賣。

這種能看出一個人是否有分析他人演說的能力，我稱之為「演說眼力」。若擁有演說眼力，就可以從日常生活中學習到演說的技巧。不論是在職場上、客戶身上，甚至是電視演出者等，都能學到很多事情。

凡事都值得學習，不只從優秀的演說家身上才能學到說話技巧。即便是負面教材也有可取之處，例如：為何上司不擅長說話？是什麼原因說得不好？只要能夠理解，並引以為借鏡，注意不要跟上司一樣或相反就可以了。

●先累積「量」，才能轉化為「質」

如此一來，擁有「演說眼力」的A，他的演說能力將會日益進步。相反的，（對於B的演說）說不出什麼建言，也就是沒有「演說眼力」的人，能從日常生活中學到的東西就很少。

兩相比較之下，這兩種人的差距會日漸增大。不過我猜，你或許會這麼想：「就算說得口沫橫飛，若是前後矛盾不也是沒用嗎？」乍聽之下頗有道理，但實際上並非如此。

因為隨著看法增多，「質」也會跟著提升。

目前為止我教導了許多人，我有自信這樣判定。原因是：第一、能夠說出很多見解的人，就算剛開始其質不算上乘，之後也會隨量提升；第二、我至今尚未見過，見解雖少卻句句是要言的人。由量轉化為質之間需要點時間，但量多還是絕對重要。

練出「演說眼力」的方法

那麼，究竟要怎麼做才能擁有「演說眼力」呢?可以分「態度」與「技巧」兩個部分來說明。

對於別人演說要提出看法時，有幾點要特別留意：

❶ 不要自吹自擂；
❷ 不要怕犯錯；
❸ 要盡量能具體說明；
❹ 要有感情。

首先從「態度」開始。簡單來說，就是在日常生活中，我們可以稍微升起感應天線，提高敏感度與注意力，觀察「為何這個人這麼會說話？」而觀察的要訣又分為「說話的內容」及「內容以外」的部分。

所謂「內容以外」，是指表情、說話速度、聲音高低起伏等。如果沒有特別注意這些事，我們很容易聽過就算了，但這其中值得學習的點可是非常多呢！

在許多研習場合裡，我會不斷提醒學員們：「聽別人演說時，要記得一邊分析！」但還是有很多人會鬆懈，甚至左耳進、右耳出。

其實只要養成習慣，時時升起感應天線就會不同了。你會有許多新發現，也會覺得觀察分析帶來許多樂趣。有了這樣的良性循環，更能幫助你走上說話達人的康莊大道。

理解他人眼中的自己

接著來談談演說的技巧。關於培養「演說眼力」，最好的方法當然是由別人來觀察我們的演說，並給予意見，也就是尋求「回應」。

人還是對自己最有興趣，不僅對分析自己著力最深，同時因為在意也會產生很大的影響，進而從中學到教訓。

比如說，當身為業務員的你，與公司其他同仁一起去拜訪客戶時，可以試著問對方：「聽了我今天說的話，您有什麼感想嗎？」

向他人尋求回應時，需要注意下列幾點：第一、對方可以具體說出想法；第二、最好是優缺點各半。

擁有「演說眼力」，將使你的表達技巧突飛猛進！

我們公司通常在談話後（不論是營業結束或是會議後，機會多得不勝枚舉）會留下一些時間，聽取彼此的意見。這些回應對個人或是組織的學習很重要，效果很好，請務必一試。

怎樣才算「會說話」？

●會說話的人VS.不會說話的人

一談到「會說話的人」，你腦中會浮現哪些人呢？不論是身邊的人、電視上的人，甚至是講座的講師都可以。

也許有人會說，是同事I先生、其他部門的Y小姐，或以前參加過某場婚禮上的致詞人也說不定，又或是最近買衣服的精品店小姐……，試著想想看，應該還不少人吧！

另一方面，「不會說話的人」應該也很多，恐怕比會說話的人還要多出幾倍，也說不定。例如說，上司D先生、或包含社長在內的那些主管、以前上研修課的老師，最近來推銷的業務好像也是……。

那麼，這些「會說話的人」與「不會說話的人」之間，究竟有何不同？換句話說，他們究竟在什麼情況下說了什麼話，而稱得上是很會說話？相反的，另一方又是在哪裡說了什麼不得體的話，讓人覺得他不會說話呢？

當然，一個人會不會說話，會因為聽的人不同，感受各異，並不是那麼地絕對。話雖如此，應該還是有同樣認為在這十個人當中，有八、九個人很會說話，或是不會說話的人在。

在這之中存在著明確的理由。接下來，我們試著將很會說話的人粗分為三大類型，探討一下讓人覺得「會說話」的理由。

類型一：會說話的人，講話內容很有趣

這一類人，聽他說話會讓人覺得「哈！真有趣。」相反的，也有講話讓人覺得

「真不好笑、無聊、很普通」的人。兩者的差別，在於說話者是否下工夫將說話內容變得有趣，或是加以修飾。

以之前頗受注目的K-1異種格鬥技為例。在此之前，格鬥技一直無法獲得女性觀眾青睞，但K-1卻打破過去模式，成為廣大階層都能接受的革命性競技賽，訣竅在於他們活用了「看似很有趣的技巧」。

首先，是比賽前的選手介紹非常吸引人。K-1並非請司儀或主持人來介紹選手，而是透過電視播放影片的方式，比如說，一般的拳擊賽在介紹出場選手時，都會讓觀眾知道比賽雙方過去的戰績及重要戰歷。

但K-1卻是以連續劇方式，來表現選手過去的一次敗戰，背後有著什麼重大意義或原因，因此，這場比賽將會是多重要的復仇記。藉由這樣戲劇性的介紹方式，將選手的強烈求勝欲、悔恨或是難過等，極其誇張地投射在這些點上。甚至看狀況，會請來選手的家人或所愛的人登場，博取觀眾感同身受的情感。

K-1藉由這些戲劇性的表現方式，強烈地暗示觀眾，「這將會是一場非常有趣的

K-1之所以能夠成功，最主要的理由，我覺得說到底還是善於經營這一點，例如多次邀請知名女藝人、不計成本的華麗演出等。K-1提供前所未有的嶄新觀點，不斷吸引年輕觀眾。

比賽」。同樣一場比賽，經由這些手法的呈現，令人振奮的程度卻大不相同。當然，若是比賽本身不有趣也是白搭。舉這個例子只是想讓大家理解，多下一點工夫或多加些點綴，有趣的程度會有多大不同。

說話也是一樣。說話的內容有趣很重要，但若能有「同等」，不！是下更多的工夫來修飾，所得到的效果會有更大差別。

●類型二：會說話的人，說的話簡單易懂

有些人雖然話題大致都還算有趣，但整體而言，卻讓人摸不著邊際的感覺，像是不斷轉換話題，一段話說得又臭又長，毫無邏輯可言，或是令人抓不到講話的重點。另一種人，則是再怎麼錯綜複雜的事情，只要經他一說明，就很容易理解，而且簡單易懂。

讓人是否容易理解的說話方式，究竟差別在哪裡？簡單來說，是句法結構的不

同。再進一步拆解，就是指話題內容的構成及整理、分類的巧妙差異。

話題內容的分類，以評論家田原總一朗先生最受推崇。田原先生常擔任談話節目主持人，雖然不是由他本人發表長篇大論或演說，但是他卻能將政治家冗長的談話，或解說者語意不清的主張，整理到非常簡明易懂的程度。

例如：「把剛才您說的話做個整理，重點應該有三點，第一點……」、「這裡最大的論點在於〇〇與╳╳的不同，對吧！」、「你說的是ＮＮ這件事。所以雖然也可以說是ＭＭ，但從結論來看，就成了ＷＷ。你想說的就是這樣，對吧！」……

像這樣做好歸納整合之後，有助於為觀眾在腦中做整理，能很快抓到重點，並且容易記憶。

今後請多注意身邊那些說話讓人容易理解的人，他們應該也和田原先生同樣有著一樣的要領。

教育訓練顧問蘿絲·柯林在其著作《蘿絲·柯林的加速學習法實踐講義》（日本鑽石社出版）中，大力鼓吹「KISS法」。這是由Keep It Short & Simple（意指：簡單明瞭）縮寫而來。柯林主張在演說時，不需要前言也不用迂迴的說法，而是簡單地從結論直接破題。另一個例子是作家中谷彰宏，將困難的概念盡可能簡單的表現，這一點很值得我們學習。

●類型三：會說話的人，表現方法很有技巧

聽那個人說話一點都不會無聊，不知不覺就聽得入迷了。但事後想想，其實他也沒說什麼大不了的事，甚至連他說過什麼，竟然都想不起來，但是卻有強烈的印象留在腦海中。

這類型的人講話內容不是重點，而是擅長於「如何講話」的技巧。雖然有點年代，但因為主持《橫跨全美超級問答》（Trans-America Ultra Quiz）而一夕成名的日本電視節目主持人福澤朗，就是這類型的人。

仔細觀察這類型的人，他們在說話時，聲音的抑揚頓挫、斷句方法、身體語言的運用、表情變換等各方面，都相當出類拔萃。憑藉這些說話技巧，就能讓聽者心情愉悅，同時又在對方腦海中留下深刻印象。

總結來說，「有趣」、「容易理解」、「完美地表現」是構成表達技巧的三大要素，若能精通這三大要素，一定可以成為一個超級演說家。

接下來，就要針對這三項要素具體說明。

讓我們來熟練「有趣」、「簡單易懂」、「完美地表現」等三大要素。

拆解演說的三層構造

把話說得漂亮，還要有表達技巧

「有趣」、「簡單易懂」、「完美表現」，是將話說得漂亮的三項條件；這同時也是構成表達技巧的三項要素，分別稱作「Contents」、「Structure」、「Delivery」。這三項要素可以像下頁的圖表一樣，形成三個層次。

這些我們會陸續在後面幾天的課程中詳細講解，在這裡先簡單說明一下。

關於演說的技術，日本可說是相對落後的國家。至於哪一個國家的演說技術先進，當然還是美國。日本目前仍處於自美國輸入演說的技術，講解這種技術的用語也多是英文。有很多概念在日文中尚未有固定用法，非要用日文翻譯解說，恐怕更令人不知所云，因此本書中還是直接採用英文說法。

構成表達技巧的三項要素

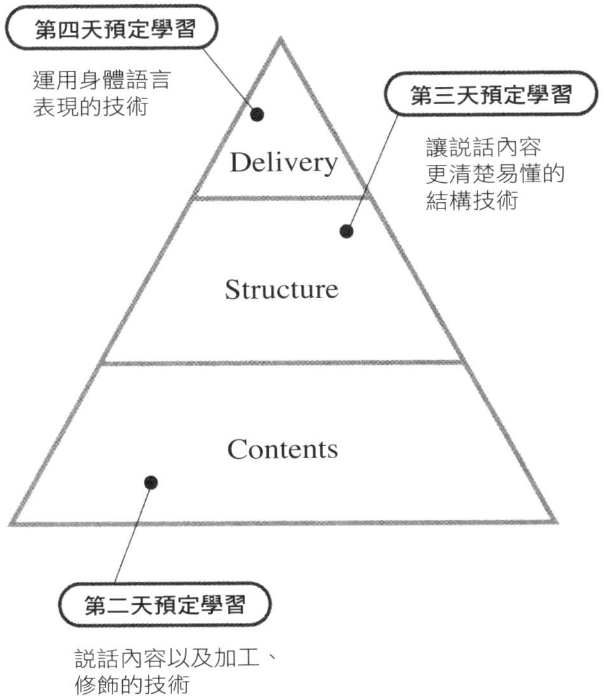

●第一層：Contents

隨著資訊科技日益發達，我們常聽到的Content這個字，通常是指資訊或服務的內容，但在此的意思有點不一樣。

當然，說話的內容也可稱做Contents，但我所指的是，將說話的內容加工、修飾的技巧也包含在內。

請想想剛才提到的K-1例子，是不是有甚於比賽本身更有趣的地方，以及讓比賽更加熱烈的加工、修飾技巧。這兩種都很重要，但說到演說的技巧，後者的技巧更貼近本質。

此話怎說？在真正商場上，該說什麼的選項大多非常有限，很少有機會能讓人自由發揮，因此不得不靠加工、修飾的技術。也因此，許多知名演說者不乏聚焦於加工、修飾的技巧，而出人頭地者。

第二層：Structure

所謂的Structure，是指拆解說話內容的技巧。若進一步將此技巧分解來看，可以分成下面這兩點：

第一、綱要結構的初始化：所謂的結構就是指「首先要說這個，其次是那個，內容可分成這三項，最後結尾於這段話」的順序。此外，還有為了讓各個段落都能讓人感到「易懂且彼此有關連性」的初始化，以及能夠運用自如的技巧。

第二、詳細分類、整理的技巧：對聽的人來說，可能不知不覺搞不清楚方向，將事實與推測混在一起。為了要避免這樣的狀況，當你是說話者時，更需要能夠整理、分類的技巧。

第三層：Delivery

所謂的Delivery，就是說話者運用身體的表達技巧。而我這裡所說的Delivery，可分為與「聲音」（Verbal）及「聲音以外」（Nonverbal）相關的兩種。

與「聲音」相關，是指音量大小、如何強調以及抑揚頓挫等；與「聲音以外」相關的，包括姿勢、態度、眼神等。

對日本人來說，Delivery是非常難的領域，但還是可以靠著練習而漸漸上手。在接下來第四天的課程中，我們會具體說明這項技巧，請務必仔細研讀並實際練習。

均衡發展才能效果相乘

關於這三項要素，每個人都有其擅長與不擅長的部分，最重要的是確實掌握自己狀況，並且均衡發展。

也許，在這三項其中，有一個是只要你多花點心思，就能輕鬆上手的技巧，但如果能針對各個表達技巧的要素逐步改善，就能得到很大的相乘效果，請務必正視並多加練習。

學習關於「Contents」的技術，說話就能變得有趣。
學習關於「Structure」的技術，就能把話說得清楚易懂。
學習關於「Delivery」的技術，就能完美地表達。

任何人都有擅長與不擅長之處，不論如何都可能會有所偏頗。「一開始，先從Delivery開始吧！」雖然不是什麼很糟的策略，但若太偏向某一項要素的話，很難達到相乘效果，在學習這三項要素時，將變得沒有效率。請務必顧及彼此間的平衡，並定期檢視是否在這三項要素上有均衡的進展。

專欄

演說者的原罪

當演說者開始說話的那一刻，通常就已經背負著原罪。

此話怎說呢？

在別人面前說話，光是這件事情的行為本身，就已經構成奪取聽者寶貴時間的罪行。即使是只有一名聽眾也一樣。

因此，透過演說，說話者有義務要提供聽眾超乎所花費時間以上的價值。

我認為，演說者抱持著的態度若是「只要將自己該說的話說出來，不要出什麼問題，可以順利說完就好。」這樣可是大錯特錯，也無法彌補當你開始說話時所產生的罪惡。

「只要在及格邊緣就好」這樣的想法是不夠的，因為這是個需要提供最高價值的世界。再度提醒。說話者務必要透過演說提供聽者最高的價值，這是你的義務！

第二天

基礎篇1

把話說得更有趣速成法

善用小技巧讓無聊話題變有趣

把話說得有趣比找話題容易

在說話的三層構造中，最下方是Contents，即是指說話內容本身以及為說話內容修飾、加工的技巧。

要讓話題內容本身變得有趣，需要很多的努力。為了能從有趣的觀點談笑風生，可能要訓練自己的觀察能力，或是儲備深厚的知識基礎。

沒錯，話題內容本身的趣味的確具有很大魅力。例如說廣告界的內幕等，一定可以激發聽者求知的好奇心。即使對話不那麼有趣，還是會邊期待邊聽下去。

富士電視台有個叫做《冷知識之泉》的綜藝節目，就是以內容取勝的例子。不可否認，這個節目呈現的方式有其獨到之處，但重點還是在於節目內容本身，這一點可以從《冷知識之泉》節目以文字呈現的書籍熱賣獲得印證。

當然我們不能忽略為了要讓話題內容變有趣所做的努力，但是，在此之前需要多加訓練的一點：則是修飾、加工的技巧。這是為什麼呢？因為比起要讓話題本身變得有趣，可以在短時間內達成的學習，就是修飾及加工的技巧。

雖說如此，還是有很多人不知修飾及加工所能帶來的力量，那麼讓我先說明一下其驚人效果。首先，請看下面的文章：

「我去看（日本職棒）阪神隊與巨人隊的對戰。不論是內外野全都坐滿觀眾，就連要找個空位都要花上好一段時間。兩隊都擁有相當賣力的啦啦隊，連我都不自覺跟著大聲吶喊。到了第七局下半，輪到阪神隊進攻，目前比數為四比四平手，對方投手略顯疲態，這局也許有機會得分。

首先是赤星擊出游擊方向平飛球被接殺，雖然打擊強勁，卻很遺憾無法上壘。接下來的藤本雖然持續纏鬥，不斷將球打出界外，結果還是被三振，不過他也消耗不少

《冷知識之泉》電視節目是由觀眾投稿，對於人生無關緊要的小知識，但是卻很希望有人可以解答疑惑的雜學，以影片方式呈現，並由數人進行品評的節目。例如說：「大猩猩的血型只有B型一種」之類的題目。

對方投手的體力。下一棒是今岡吧！對方要換投手嗎？還是要繼續投下去？太好了，巨人隊這邊似乎想讓他投完這一局。

接著第一球。揮棒！球飛得相當遠！

這一球漂亮地飛向左外野觀眾席，是一支大號的全壘打，贏了！這一瞬間，我確信今天阪神隊會拿到勝利。之後巨人隊的打線一直沒能發揮，終場阪神隊以五比四勝利。這是一場非常傳統的對戰好戲。十分精彩的一場球賽。我也因為太專注於加油，而有點累壞了。握著加油棒的手，都因為緊張的汗水而濕答答。」

如果上述這段話完全不加以修飾、加工的話，就會變成這樣：「我去看了阪神隊與巨人隊的對戰，最後阪神隊以五比四贏了，真是有趣。」

看完這兩段文字後的感覺如何，是不是多少傳達出對說話內容修飾、加工的重要性了？

比起修飾及加工的技巧，很多說話者更會注意到話題內容本身。不過，反正也不是聽不懂。

但是如果偶然聽到有人在背後說你「講話真無聊」時，你會如何？與其此時才開始尋找有趣的題材，還不如學習對話題加以修飾及加工技巧，還來得簡單又快些。

要尋找有趣的話題很困難，但是讓話題變得有趣的工夫，卻是可以現學現賣。

讓話題更有趣的五大特徵

● 有趣的祕密有五項

究竟要怎麼做，才能把話說得有趣些呢？

希望自己說的話可以更有魅力、原本可以把話說得更有趣……我想任誰都有這種焦慮不安的感覺。但若只是一味地想要把話說得有趣點，對於增進說話內容卻是一點幫助也沒有。究竟什麼話題才算有趣呢？

有趣的話題，一定含有下列五項共同特徵：

①簡明易懂；

②有真實性；

這裡所說的「有趣」，並不是會讓人哈哈大笑的那種「有趣」，而是具有說服力、讓人忍不住想要繼續聽下去。換句話說，是接近「引人入勝的話題」的意思。前者的「有趣」需要若干的先天要素；後者則完全是靠著任誰都能夠養成的技巧。

③有故事性；

④具親切感；

⑤有意外性。

首先從「簡明易懂」開始談起。

①簡明易懂

有趣的話，基本上一定都非常簡明易懂。這是為什麼呢？只要反過來想就能明白。複雜難懂的話，大概很難讓人開心吧！光是理解就夠費腦力了，怎麼還會有享受的餘裕呢？

人們常說：「和尚說的話真有趣。」實際去聽和尚講解經文時，確實也是如此，我想最大的原因，就在於容易理解。談論佛教時，大致上已明確區分出善惡，就像水戶黃門一樣，所以故事不會很複雜，也容易理解。所以，我們應該學習像和尚一樣，

「把故事說得簡單」。

然而，所謂的簡明易懂，並不只是避免使用專業用語而已。

例如說，西洋推理天后阿嘉莎．克莉絲蒂（Agatha Christie）的，《一個都不留》（*And then there were none*，遠流出版）這本書，對初次讀推理小說的人而言有點難度，因為書中登場的人物實在太多了，如此一來，就使得故事的複雜性大增，超過讀者所能記憶的限度。

②有真實性

除了明知道是編造出來的話題以外（在商場上這種狀況應該較為少見），說話內容具有真實性也非常重要。

說到這裡，讓人不由得想到童話中〈狼來了〉的故事，就是典型說話具真實性與否的例子。（即使是短短的一句「狼來了！」也是非常棒的一句話）。例如一件關於你自己親身的體驗，另一件是聽來關於某人的體驗，大多數聽眾應該都會對你自身的體驗比較感興趣，因為那特別能令人感覺到故事內容的真實性。

●③有故事性

同樣一段話，若是以說故事的方式呈現，也會大幅提升聽眾的興趣，最成功的例子應是ＮＨＫ的節目《PROJECT X》，我想（對日本人而言）這應該是個無人不曉的節目。

《PROJECT X》節目中，主要介紹一些默默無名的平凡人，如何實現劃時代的新事業，以及所經歷的失敗與成功的過程。

在《PROJECT X》節目中，讓人感到具有故事性的背後，隱藏著兩個重點。一個是節目中含有變化及成長的因素。因為節目中所介紹的挑戰者，雖然不斷遭遇到挫敗，卻能跨越困難而成長，最終得到成功。這個變化的過程令人感到有趣。

《PROJECT X》節目的厲害之處，除了對內容的修飾及加工外，也具有深入分析其他要素的價值。首先是旁白呈現的方式令人印象深刻。基本上是以過去式結尾的字句構成。講述旁白者（田口智朗）的聲音，尤其令人印象深刻，但他反而是壓低音調，淡淡地述說著。這種低調的口白與挑戰者熱烈的心情，兩者呈現出完美對比，因而造就這個節目的獨特魅力，這個節目有很多地方值得學習。

另一個則是情感的表露。失敗時感到氣餒、憤慨，或不甘放棄的心情，以及好不容易成功時的成就感與安心，都透過節目完整地傳達出來，讓視聽者為之動容。

請回想看看，當你在說話時，是否也有充分運用這兩個重點呢？

④具親切感

讓聽者感到熟悉、具有同感的話題，最容易被接受。「親切感」具有將聽者的心一把拉向你這邊的效果，也會讓聽者對透過話題引起同感的你增添好感。這也是為何有些很會說話的人會說些自己的糗事，拉近與聽者的距離。

雖然有點過時，但我曾聽說，以「大概吧！」這句話成名的竹村健一先生，每到一個地方演講，一定會先搭計程車在當地遛遛。在演講一開始，他就會先談論剛才在當地的所見所聞，如此一來很快就能抓住聽眾的心。可見竹村健一先生相當清楚具有親切感所帶來的效果。

⑤有意外性

想當然耳，沒有任何變化的話題，很難引起別人興趣。所以說話時需要點「高潮」。不過，也不必要用一些奇怪的理論。

即使是理所當然的題材，只要你能從不同的角度切入，還是可以引起聽者的興趣，讓人感到有趣。

把話說得有趣的重點有五項：
簡明易懂、有真實性、有故事性、具親切感與有意外性。

竹村健一先生也是個可以把複雜事情簡單說清楚的天才。不論是政治、還是社會問題等，再怎麼困難又複雜的事，他都能完美地將問題整理過後，簡單地再說出來，因而廣受一般大眾支持。曾經有很長一段時間，只要問民眾「誰是你心目中最適合擔任總理大臣的非政治人物」，竹村先生都排在前幾名。

讓話題有魅力的五種技巧

● 五種材料＋五種烹調器具

有了可以讓話題更有趣的五項要素：「簡明易懂」、「有真實性」、「有故事性」、「具親切感」及「有意外性」後，下一步該怎麼做？

若把這五項特徵當作是炒熱話題的材料，那麼接著就是要準備可以烹調這些材料的器具，也就是接下來所要說明的這五種技巧：

①事例、具體例證

②舉例、比喻

③數值、數據

④對比

⑤名人背書

每一個技巧都非常簡單，但對你而言，絕對是最有用的道具。接著就來一一詳細說明。

●加入「事例、具體例證」

上述五項技巧中，最可以隨心應用的就是「事例、具體例證」，也是最能夠同時涵蓋「簡明易懂」、「有真實性」、「有故事性」、「具親切感」及「有意外性」這五種特徵的一項技巧。尤其是應用在「簡明易懂」、「有真實性」、「有故事性」這三項之中。

至於其他兩項「具親切感」、「有意外性」，其實不管舉什麼樣的事例或具體例證，不也是比較容易讓人接受嗎？

許多人為了說明難以理解或抽象的道理，只好用更多的道理來加以解釋。但是這樣的說明反而會把原先的道理變得更抽象而難以理解。說明道理時，只需要說到某種程度，再佐以事例、具體例證來補充，就會變得容易懂，讓人覺得「喔～原來是在說這個！」

在前一節〈讓話題更有趣的五大特徵〉中提到的《PROJECT X》節目或是竹村健一先生等，以「具體例證」來說明便是很好的例子。

我還在擔任研修講師時，每每舉出事例時，都能讓聽眾的眼神為之一亮。由此就能證明，聽眾對於事例、具體例證還是有反應的。

至於事例、具體例證的效果，我大致分為兩大種：第一種是引起聽者共鳴，覺得「對！對！我（我們公司）也是這種狀況」；另一種則是讓想要傳達的訊息容易被接受，發現「原來有這樣的好處。」

推翻不利條件的「事例」力量

我舉一個自己的例子來說明。事情發生在十多年前，我當時是個教育研修公司營業員，要向一家大型證券公司爭取一門簡報研修課程的案子。

當時有數家研修公司同時競標這個課程，而我任職的公司所提出的研修費用較其他公司高，也沒有特別可與其他家區分的特點。再者，當時公司與負責招標人員也沒有什麼交情。換句話說，在競標開始前，就已經站在必敗之地。

「若是以說明一般商品的方式來呈現，我幾乎沒有任何勝算。」雖然心裡這樣想，但還是很想拿下這個案子。那該怎麼辦？我當時想到的方法，就是將事例的效果發揮到極致。

我的作法是找出公司過去進行教育課程的實績經驗中，先挑出同樣是證券公司的事例，並以這些實例為基礎進行提案簡報。

這些案例中，因為A社與這次提案公司的狀況較為接近，所以我特別強調這家公司的經驗。B社的例子則是導入後的變化，也就是強調導入研修課程後的成果。

我透過這些事例企圖營造出來的效果，就是前述的「引起聽者共鳴」及「傳達訊息」。至於提案結果如何呢？

當時七、八位審查員給予我們公司高度評價，除了「價格」之外，其他各項都勝過其他競爭對手。最後，也由我們公司拿下這次的研修課程。就像這樣，事例、具體例證能夠發揮如此強大的效果，沒有理由不善加利用。

使用「舉例、比喻」的方式

接著，若能善加利用「舉例、比喻」的方式，也能讓你的說話魅力倍增，這同樣是種擁有強大力量的工具。

「舉例」這個烹調器具的功能，就是做出一道容易理解的菜色，或者應該說容易理解就是舉例的目的。

將未知的資訊用已知的資訊來做例子，就會變得容易聯想。接下來，就藉由幾個範例來解說吧！

舉例說明讓人容易理解

七〇年代的超級拳王阿里，拳法精湛，曾被形容為「蝴蝶般華麗、蜜蜂般銳利」。即使是沒有看過阿里比賽的人，想必也曾聽過這句名言。

所謂的「舉例、比喻」，是五種烹調器具中最難使用的一種。每當想要找出一個好的例子來運用時，偏偏絞盡腦汁也想不到，但是若能善加利用，就會是最有效果的方法。而想要靈活運用「舉例、比喻」這個方法的訣竅，就是平常多注意別人使用的例子，並收集起來，好在日後用上。

光聽這句話，就不難想像出：擂台上，這位剽悍的拳擊手邊踩著華麗的腳步，邊揮出疾速又銳利的勾拳或是直拳的樣子。就算完全不識阿里這號人物，也能透過這句形容他拳法的名言，想像這一位拳擊手台上的模樣，這就是「比喻」的力量。在本書「第一天」的章節中，也曾運用下述這樣的形容：

「當我們還在為『比不上外國人』而自暴自棄的時候，他們仍持續練習，就好像當你還坐在業餘球隊的板凳上休息時，鈴木一朗仍舊努力不懈地要將自己的擊球姿勢調整到最佳狀況一樣，難怪彼此間的差距會不斷拉大。」

外國人的簡報方式，對很多人來說並不熟悉，所以我用鈴木一朗及棒球為例來說明時，對聽者來說，具有更加容易想像的效果。

●透過比喻可以加深印象

使用比喻法，不只能連結已知和未知的事情，另一個好處是加深聽者的印象。阿里華麗的腳步及銳利的揮擊，若不用比喻來表現，就會難以理解。若要讓聽者能夠有生動的想像畫面，少說也要多花點唇舌。

但是，以「蝴蝶般華麗、蜜蜂般銳利」來做比喻，雖然只是短短的一句話，就能讓聽者在腦海中浮現畫面，話題就能順利地進行下去。

●比喻法在商場上同樣管用

或許有人會認為，舉例、比喻法很難在商業場合派上用場。但是，讓我們來看看下面的例子：

◎不使用比喻的表現：

「我們公司已經連續五年出現紅字。一定要盡快脫離現狀！」

◎使用比喻的表現：

「我們公司已經連續五年出現紅字。這五年內一直持續在失血。一定要盡快脫離現狀！」

不過是加上一句話，是不是更加真實地令人感受到事情的深刻、痛苦及急迫性呢？也許有人可以因此想像到，這家企業的體力逐漸消逝的樣子。

因此，即使是在商場上，善用舉例、比喻的方式，也能讓談話變得容易理解、甚至更有深度。

●用「數值、數據」增加可信度

接下來要談的是，在話題中插入「數值、數據」的方法。

數值、數據在凸顯真實性的表現上極具效果，威力十分強大。使用數值、數據，不論真偽，都能讓可信度大增。

例如說：「至今有很多客戶採用這套系統」，若能變成「至今已有二百三十五家企業採用這套系統」，更能強化印象。

「經過長年的研發，終於完成這項產品」，若改成「經過三年半的研發，終於完成這項產品」的說法，也更容易傳達。

●具體的「尺寸」讓人更有感

不加修飾、直接引用數值、數據，就能發揮強大威力，但若能進階到中級班，效果將更強大。但要如何進階到中級班呢？

答案是：注重「尺寸」。

一般來說，「當聽者接收到這個數值、數據的時候，會有什麼感覺？」，應該要對此感到很敏感才行。聽者對於大或小會感到驚訝？還是沒感覺？若是沒感覺的話，那怎樣的「尺寸」，才能讓聽者有感覺呢？

以剛才提到的研發時間為例，我們用「花了三年半的研發時間」來說明，但對一般人而言，沒有概念也無法感受到，究竟這段研發時間是長還是短。「這項製品，通

在簡報資料中，常以表格或製圖的方式呈現「數值、數據」。很多人是只要有什麼數字就直接拿來用，但其實這對聽者而言很難理解。尤其很多圖表是在說明「要怎麼看某個部分才對」之後，才會產生意義。最擅長「圖解」這項技術的是雜誌，特別是一些軟性雜誌更是其中的佼佼者。例如對於讀者或是一般人所進行的問卷結果，他們都能用很容易理解的「特寫」方式呈現，讓人

常需要兩年的開發時間，但是我們公司這次花了將近兩倍，約三年半的時間研發、製造，這項產品終於誕生。」這樣的說法，就能輕易傳達出三年半時間的可貴之處。

一目了然。請大家一定要好好研究這項技術。

●可以導向預設結果的數值魔法

最會運用這種「與真實感相符的尺寸」表現的，就是電視廣告。

不論是人身保險或產物保險的廣告，為了強調低廉的保費，常見說法是：「一天只要╳╳元，只要省下買一杯咖啡的零錢就夠了」。或者，含有維他命的食品、醫藥或化妝品，幾乎都會使用：「含有X個檸檬的維他命C」。

不論上述哪個例子，都是令人容易理解的「尺寸」。不只如此，也能誘導聽者朝說話者預設的方向而去。

認真來看，每個月所需繳納的保險費其實並不便宜，但是如果將它的單位拆解，以天為單位，拆成三十等分，感覺上就會便宜許多。每瓶飲料中所含的維他命C也是如此，實際上檸檬除了比較酸以外，並沒有含那麼多的維他命C，卻沒有多少人知道這件事。

誘導聽者朝向說話者預期、超越事實的方向而去。這種方法，就是使用數值、數據的魔法。

●強調「對比」的效果

所謂的對比，是將A、B兩項並列一起進行比較，與單單只看見A或B的其中一項時，效果完全不同。這種對比的技巧有很多種，首先第一個效果就是「強調」。

吃西瓜的時候，很多人會在西瓜上撒鹽。或許你會想，這樣西瓜不是會變成鹹的嗎？結果卻正好相反，因為鹽能引出西瓜的甜分，反而更能襯托西瓜的甜味。這些撒在西瓜上的鹽，作用就是達到「強調」的效果。

廚房用洗潔劑的廣告中，為了要凸顯洗淨力，常出現使用自家產品與別家產品做

幾乎所有人都「不想被過度誘導」，因此要避免這種的狀況發生。若讓聽者產生「有點太誇張」的想法，反而會造成反效果。以上述的「保險廣告」為例，絕對不

比較的畫面，這也是使用對比技巧的一個例子。就算不拿別家產品來做比較，若是將使用前、使用後的情形做對比，也能讓人看出洗潔劑的洗淨效果。

日本前首相小泉純一郎還在任時，常掛在嘴上的一個詞就是「抵抗勢力」，這也是一種對比技巧的運用。那些固守成規的議員、團體等，是與自己持相反意見的人，兩相對比之下，以改革者、變革領導人身分自居的小泉純一郎，他的形象就更加引人注目。

使用對比，讓差異一目了然

對比的另一個效果，就是「讓事情變得容易理解」。將兩個東西放一起，兩相比較之下，有什麼不一樣的地方，就變得一目了然，可以清楚想見兩者間的差異。

多年前，有本暢銷書《富爸爸，窮爸爸》（高寶出版）。這本書也是藉由「對比」的方式寫成。

是說謊、欺騙。只有過度誇大的數字，因為沒有確切比較檢討的「標準」、「評斷」的情況，只有提供這樣的衡量方式才能思考。只要是正確並誠心去做，就能表現得更加適當又親切。

作者羅伯特・清崎（Robert T. Kiyosaki）在孩提時期，分別從朋友的父親（富爸爸）及自己的父親（窮爸爸）身上學到的事情，交相寫在這本書中。不只提到富爸爸教他的事情，還將窮爸爸教他的事情，以兩者相比較的方式寫出來，讓「富爸爸的想法與一般人的想法究竟跟別人有什麼不一樣」的這個觀點，變得更加清晰可見。

●對比能讓聽者心中留下一把尺

我常在研習會上，以「一名優秀商業人士所需具備的條件」為題，請參加的研修者進行簡短演說。

這個時候，聰明的人就會使用對比法。

普通的人會說：「我認為一名優秀的商業人士必須具備的條件為A、B、C三點。」但厲害的人會在一開始就說：「請大家在心中想像一下，您所認為優秀及不優秀的商業人士形象。我想到的，是我們公司的頂尖業務員A先生及表現不佳的B先

如果您是一名業務員，請盡量使用「對比」的技術。像是可以將「使用我們公司產品的優點及實際狀況」與「不使用該產品的損失、不便及其實際狀況」拿來做比

生。接著想想，A先生與B先生有哪些地方表現得不一樣，我歸納出A、B、C三個重點。」將優秀及不優秀的商業人士進行比較，讓人想像其中差異，真是高明。

像這樣子提示比較對象的方式，可以在聽者心中留下一把尺。因此，希望大家都能善用這個技巧。

●「名人為你背書」提升說服力

美國有位企業顧問凱文・赫根（Kevin Hogan），他不僅是位指導企業溝通的說服專家，也被《富比士》（*Forbes*）雜誌選為全美前五百大富豪。在其著作《如何成為說服大師》（*The Psychology of Persuasion*）（希代出版）當中提到：「那些被認為擁有權威、能力及專門知識的人，在相對的程度上具有左右他人行動的力量。」

向這些擁有這種力量的人借用其權威，提升自己說服力的方法，就是我所謂的「讓名人為你背書」。

較。此時，最重要的就是「清楚而詳細的解說」。若能善加利用這項技巧，我保證一定可以大幅提升你的談話廣度，更具說服力及深度。

最常見的例子就是電視廣告。像是有位英國博士講述木糖醇（Xylitol）效用的口香糖廣告，相信大家都應該印象深刻吧！此外，例如牙膏廣告，也時常會有牙醫現身說法，強調該品牌牙膏的功效；而某家狗食公司，也常用「育犬專家推薦」的手法。

在商場上做簡報時，這樣的例子也屢見不鮮。實際上，本書中也運用過這種方法。還記得我在講述第一天課程的章節裡，以菲利浦・科特勒為例嗎？還提到科特勒向我要求反饋的小故事，強調反饋的重要性。這也是讓名人為你背書的一個實例。

詳細說明讓名人說法更可信

在使用「讓名人為你背書」的技巧時，若能盡可能的詳細說明，更可以大幅提升可信度。

舉例來說，我提到與科特勒對話的場景時，便非常詳盡地描繪當時的情境。同樣重要的是，具體說明科特勒是如何優秀的一位人物。

舉個反例，常有人從某些文獻裡引用數據，都只是一語帶過文獻名稱而已，這非常的不適當。舉例來說，相較於「這個數字出自厚生勞動省白皮書」這句話，若改成「這個數字是出自於平成十六年厚生勞動省白皮書第二章第一節」，這個說法反而可信度更高。

一般人的見證，也可以引用

另一個「讓名人為你背書」的進階用法，就是「第三人的心聲」。所謂的「第三人」，就是指在聽者之前先使用過該項產品的見證人。第三人的心聲與權威者的話，同樣具有很高的說服力。

例如說，一部剛上映的電影，你已經有朋友先去看過了。若是這位友人說：「這部新電影很好看。」即使友人不是位專業影評或專家，也能引起你對這部電影的興趣。簡單來說，就是類似於口碑。

其實，我們常見到善用「讓名人為你背書」的技巧，來延伸「第三人心聲」的實例。例如在報章雜誌上，健康食品廣告常會刊登「喝了這個之後，變得這麼漂

名人與第三人背書的使用技巧

那麼該如何分辨使用權威者的話、或第三人心聲的適當時機呢？

權威者的話適合用在要強化機能或功能的地方；而第三人的心聲則適用於使用後的感想、用過以後就會了解的好處等情況。

總而言之，當你的說話內容越是要說服人，或是推銷東西時，會令聽者非常不安，產生抗拒心理。相對的，「讓名人或別人為你背書」，就能大大地發揮效用。

在說話時添加「事例、具體例證」、「舉例、比喻」、「數值、數據」、「對比」、「名人背書」等，將使得無聊的內容變得有趣喔！

亮！」這類的體驗故事，具體刊載模特兒的名字、年齡、大頭照等，就是要表現出信用及真實性。這類的例子也請多參考。

視說話對象改變說話方式

你在對誰說話？

為了讓說話內容變有趣，視說話對象來調整內容也是一件很重要的事。真正會說話的人，通常也很有看人的眼光，並有依說話對象改變說話內容的能力。

這一點，只要看那些電器商品銷售員的應對進退，就能夠理解。例如，個人電腦銷售的方式，就是明顯會隨著不同客人而改變。

此話怎說？

因為使用客群從完全不懂電腦的阿公、阿嬤，到精通各種ＩＴ產品的年輕人都有，這些人對電腦的知識天差地別。銷售員當然會隨著顧客對商品的認知度不同，轉換說明與推薦的方式。

此外，對方對你所說的話表現出來的興趣、關心程度不同，也會影響你說話時應有的態度。

●一眼就能判別對方的方法

話雖如此，懂得從顧客的知識、興趣與關心度、需求等，各個不同觀點來分析說話對象的人並不多。意外的是，不論對誰說話都千篇一律，採用一貫說話方式的人卻不少。

那麼究竟該怎麼辦才好？對於這個疑問，我介紹一個判別的方法給大家。那就是「知識．需求象限圖」。

分別以「對於說話內容相關知識的多或少」、「對於話題表現出的興趣、關心、需求是高或低」為縱、橫兩軸，將說話對象依四個象限條件做分類。

將人分成四種類型的方法很容易記憶與使用。這種分類法常被拿來應用，例如，血型的種類就是一個很好的例子。

就像圖說中，以「相關知識」×「需求度」為縱、橫兩軸，切出

知識・需求象限圖

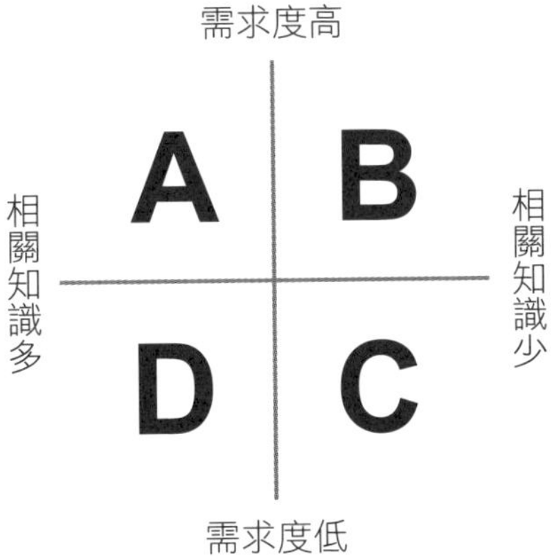

四個象限，各自擁有其意義，就變得很容易記住。請務必將這個「知識・需求象限圖」牢記在心，並隨時應用。

說話對象是屬於A、B、C、D哪一種類型，其特性各有不同。因此說話方的說話內容及方法，也必須跟著做出改變。接下來，根據各象限的特性分別詳細說明。

A象限的人們

首先，最容易溝通的就是A象限這一區的人。這類人需求高，且同時具備相關知識。換句話說，你只要將所知道的告訴他就對了。

以剛才所舉的電腦銷售員為例，若是向資訊通的年輕人介紹產品，因為對方已經具備足夠的知識，所以不需要繞一大圈講解相關的背景資訊及專業用語。此外，若對方已有很高的需求，也不用再努力誘發他的購買欲，你該做的，只要簡單說明「這個產品內建512M記憶體及400G的硬碟，也有DVD-R，是這個價格區性能最好的產品。」

銷售過程中，當然不會跑出「什麼是硬碟？」或「一定要DVD-R嗎？」等很基本的問題。

● B象限的人們

那麼B象限的人又是如何呢？他們是有很高需求，卻未必有對等知識的人。例如，希望為公司導入最新會計系統的中小企業經營者，他們知道這套系統的必要性，因此擁有很高的需求。他們雖然也想仔細聽取相關資訊，但說到很深入的細節時，卻怎麼也無法理解。

就像在A象限所提到的例子一樣，若開始提到「記憶體的最低需求為512M」時，他們就會急著想知道「那是要拿來做什麼？」，在這種情況下，只要將使用這項產品的優缺點一一列出，盡可能簡潔地提供對方選擇的方向。

先大略說明即可，更深入難懂的東西留到後面，否則恐怕對方原先的高需求會被嚇跑。所以你所要做的，就是循序漸進提供相關知識，慢慢地讓對方提升到A象限去

我自己也是公司經營者，在實際生活中，屬於B象限的人，不論是關於財會、電腦系統、保險等商品或是服務，我常有需要聽取專業人士意見的機會。但事實上，幾乎所有我遇上的專業人士，他們所說的話都很艱深且過於瑣碎，讓人很難理解。如果他們可以認識這個象限圖的話，我想他們應該就會知道，要用不同的方法向不同對象說明。

就對了。

C象限的人們

若是碰到知識與需求都很低，也就是位於C象限的人，那該怎麼辦才好？

屬於C象限的人，對你所說的話原本就興趣缺缺。因為沒有相關的知識，平時也沒接觸，當然就不會有什麼需求。正確做法是先帶著他們往B象限的路走去。

那要怎麼做呢？為了要讓C象限的人感受到「這是與自身相關的話題，應該聽一下話題的內容」，就要清楚告訴對方使用這項產品的情景，猶如對老人家說明使用電腦的情況，就是這種典型。

阿公、阿嬤並不會主動想要使用電腦，所以對產品當然是抱持消極的態度，對於使用這項產品後，生活會帶來什麼樣的不同，也是所知不多。

面對這樣態度的人們，想要提高他們欲望的話，就是要具體告訴他們使用後會有

最會說服這個象限的人，莫過於電視購物台。電視購物專家最強的地方，就是告訴你使用該產品的好處，描繪出「在這種狀況下使用的話，就會有這樣的好處」的情景。前幾天，我看著某電視購物台，差點就買了第二台數位攝影機，真是令人敬畏的招數呀！

哪些好處。例如說：「有了電腦就可以和孫子們通電子信件了，很有趣吧！」透過傳達這種樂趣，我相信先前完全不想聽你介紹電腦的阿公、阿嬤們，一定也會想要再多知道一些。總之，就是想辦法把這些人帶到B象限就對了。

●D象限的人們

在「知識．需求象限」之中，最難對付的就是D象限的人。擁有相關知識，卻沒有需求。最常聽到的狀況是，D象限的人會說：「啊，是這件事呀！我知道很多，但我不需要。」

因為他們一知半解，所以不太會有什麼需求。

遇到這種狀況該怎麼辦？就是想辦法讓對方成為C象限的人。話雖如此，知識是無法奪走的，那麼只好讓對方發現，「其實我並不夠了解」，讓他們自覺到自己並沒有什麼相關知識。

因此，舉出失敗的例子讓對方感到害怕，效果自是最好。舉例來說，當你去更新過期的駕照時，應該看過講習課程中播放的影片吧，內容無非發生重大車禍，讓人生因此大受影響。

很多人認為，更新駕照的講習課程很麻煩，根本沒必要，平常都這麼正常地駕駛、開車知識已經足夠了……等。因此，讓人重新意識開車是很危險的，正是這支影片的目的，讓駕駛者回到最初剛學會開車時，「啊！若不注意點就糟了」的心情，重新讓駕駛者的心情上緊發條。

找出對方所屬象限

就像上述所說，應對A到D四種象限類型的人，方式各有不同。思考應對方法固然重要，但更重要的是，要分析說話的對象，到底屬於象限A到D中的哪種類型，再視狀況選擇說話的方法。

若能準確分析，就不會再發生弄錯對象、說錯話的事情了。

視說話對象的類型，
臨機應變選擇說話的方式吧！

專欄

與其講得多又雜，不如講重點

在演說時，還應該注意到一點就是「別讓資訊過多」。若是笨拙的演說者，即使只給五分鐘，他也會一口氣說完所有想說的話。結果對聽者而言，就是說話的內容很快地流過，也跟不上那單調無趣的內容。演說者想表達的東西，對聽者而言，就是左耳進、右耳出。

反過來看，厲害的演說者就不會發生這種狀況。比起「廣泛而淺薄」，寧可「少量卻深入」地論述。假設想說的話有十點，那麼就挑其中最重要的兩點來說，再針對這兩點加以裝飾、加工，使其成為容易理解且具魅力的話題。

所謂的演說，並不只是傳達資訊就完成了。讓聽者能聽進說話的內容、留下印象，並受到感動且願意去付諸行動，才是最終目的。

所以比起「廣泛而淺薄」，讓說話內容變得「少量卻深入」，才能達到效果。

第三天

基礎篇2

讓人願意聽的說話結構法

要更清楚表達，內容的結構很重要

「清楚的表達」很難嗎？

我的工作內容是接受企業委託，聆聽他們在溝通這方面所產生的困擾。而令企業最困擾的其中一項，就是「聽不懂公司員工說的話」。

近年來，在研修業界中流行一種叫做「Logical Presentation」的課程。這種課程就是將內容有條理的組合後，再進行演說。

但實際上，根據我的經驗，多數企業的困擾，卻都發生在比這更早的階段。「我們公司的員工非常不善於整理自己的說話內容，我不能理解他們在說些什麼。因此，要請您教他們一些能夠清楚表達的技巧。」

如果不能理解對方到底在說些什麼，那麼根本就無法溝通，也無法交換意見，甚至為了交換意見浪費更多的時間。

或許你會認為這種事情沒什麼大不了，但是在知名的一流企業中，有這種困擾的並不在少數。

由此可見，「清楚的表達技巧」似乎不是一門簡單的學問。

●清楚表達的技巧，其實只有兩個

事實上這並不困難，造成現在這種情況的最大原因，只不過是因為還沒有學過「清楚的表達技巧」罷了！

清楚的表達技巧，只要能夠掌握基礎的部分，就會變得十分簡單。

清楚表達談話內容的理論，其實並不多，只要能把握住幾個訣竅，就能讓你進步神速，如獲新生。你只需要記住以下兩點：

第一、如何組合談話內容的結構？

第二、每一部分的結構該如何表現？

組合談話的結構，就是所謂的Structuring。這就相當於三角形的正中央（請參照第53頁）。

但如果只是記住這兩點，還沒辦法立即運用。

若是你現在已經有汽車駕照，可以試著回想當初在駕訓班學習的情形，像換檔或踩離合器等，操作方式其實非常簡單，不需要死背，但花一點時間習慣卻是必要的。你必須要先熟練，才能夠自在地駕駛汽車上路。而我們接下來所要介紹的內容，和汽車的駕駛的概念也非常相似。

但我們並不是要將重點擺在「習慣」，而不去重視「學習」；而是要先「學習」，才會「習慣」。

首先，我們就從「如何組合談話內容的結構」這部分看起。

所謂的Structuring，就是Structure（構成、組合）的動名詞，在此使用的意義為「構成組合、或是指構成組合的過程」。

適合所有談話內容的萬用公式

談話內容應該分成哪些部分，又該如何組合呢？

說穿了，這並不是什麼困難的技術。只要能夠做這樣的整理，你就會突然發現，表達變得更加容易。

事實上，初學者只要能記住一個公式就夠了。我稱之為「三明治公式（Sandwich Format）」，這可是一個能適用於各種談話內容的萬用公式！

「三明治公式」可以拆解為三個部分：

序言（Introduction）、

主體（Body）、

結尾（Ending），並以這三個部分組合出整體內容。

只要能夠使用這個公式，你所要傳達的內容就能馬上變得更加清楚。

總而言之，將開頭所要說的內容，中段所要說的內容，以及最後的整理，利用這

三明治公式

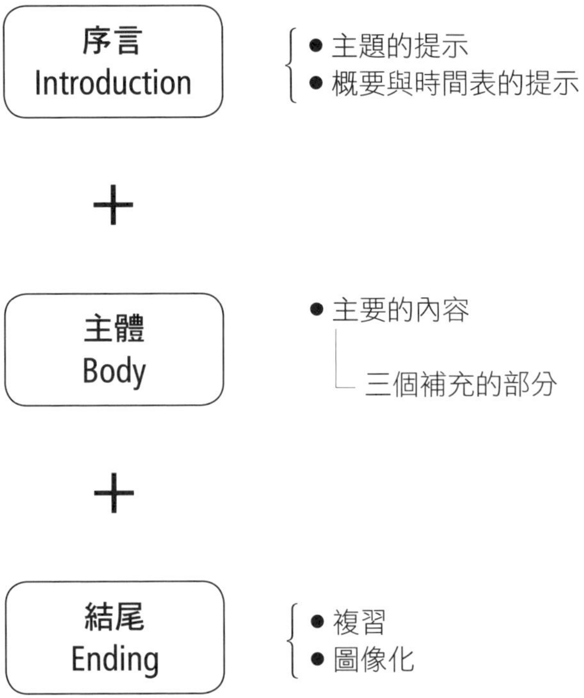

「三明治公式」是我所自創的名詞。當然，在決定內容架構時，還有許多公式可以選擇。

至於一般日本人最熟悉的，就是「起承轉合」吧！

在我的經驗中，「起承轉合」的公式非常適合用在文章寫作，卻不太適用於說話的表達上，主要原因在於強調的重點被擺在後段才出現，這會讓聽眾覺得：「為什麼前言拖這麼長？」導致無法將注意力集中在談話內容中。

個公式組合起來，整個演說也就能夠自動完成了。
那麼，這三個部分又該如何表現呢？就讓我來詳細說明吧！

學會如何組合內容，表達才會更加清楚。

第一部分：序言（Introduction）

序言有兩個目的

Introduction，在日文中就是「導入」的意思。

在《大辭泉》中查詢「導入」這個詞，解釋為「在開始學習時，為了引起兒童、學生的興趣而做的準備階段。」

說話的對象當然不是侷限於兒童和學生而已，但我們可以從這裡充分了解到，序言（Introduction）的目的之一，就是要引起對方的關心及興趣。

序言還有一個很重要的目的，就是將整體內容及概要傳達給對方。這部分我們之後會再詳細說明。

總之，「先明確地將整體的談話內容告訴對方」，是讓表達更加清楚的第一步。

作法上，我分成兩點來進行說明：

- 簡潔的主題提示；
- 大綱（Outline）以及時間表（Timetable）的提示。

●先破題，闡明談話主題「我要說什麼」

一開始要先簡潔地表明，從現在開始的談話主題是關於什麼？比如是要談論如何增加商業利益？或是談論海洋生態的相關內容？還是要談談自己的戀愛經驗？也就是說，務必要明確地表達出談話主題。

或許有人會覺得，「這麼顯而易見的事情，有必要特別強調嗎？」但這一點非常重要。

闡明談話的主題，就如同是在宣誓領域一般。聽眾可以藉此知道，哪些地方應該

你可以試著以簡潔明快的方式來描述一些主題，也可以自己模擬一些情境，比如說：「今天我要介紹『如何提升演說的技巧』。」類似這樣的方式。

有些人會在開頭的地方就會做一些說明，或把開場白弄得十分冗長，這只會讓人更不容易理解而已。如果你想要做一些補充說明，請在開頭的部分告一段落後，再進行補充吧！

要特別注意聽。

●再提示，大綱摘要及時間進度

如果將主題的提示，比擬為演說中What的部分，也就是概要和整體內容的說明，那麼這邊所要介紹的綱要以及時間表的提示，就是簡報中How的部分。

要清楚告知會花多少時間，以及會依照何種順序來說明。這樣才能事先避免讓聽眾產生「還要講多久？」、「我有一些地方不太懂，可是要在哪個時間點發問才好？」等焦躁的感覺。

關於大綱的提示，可以參考書籍上的目錄。一本書如果沒有目錄，想必一定很難閱讀吧！這麼一來，就達到「將整體的內容以及概要傳達給對方」的目的了。至於先前提到的另一個目的：「引起聽眾的關心及興趣」，又該如何做到呢？

這就要看你如何運用日本搞笑界用語中「つかみ（TSUKAMI，指搞笑開始時的第一個橋段）」的技巧了。

再次強調，序言這個部分非常重要，如果一開始就進行得不順利，那麼聽眾對於內容的理解及興趣都會受到影響，之後在主體（Body）以及結尾（Ending）的表達效果，也就會大打折扣。

也就是說，序言算是活化主體和結尾的一種催化劑。

接下來，我們要介紹相對應的四種技巧。

技巧一：提問

第一句話要以疑問的方式做開頭。

提問當然需要有回答者，也就是現場的聽眾。「提問」是為了讓聽眾融入內容的一種手段。

技巧二：拿出統計數據

在一開始就提出令人感到驚訝的數據，也能獲得非常好的效果。聽眾在聽到數據後，一定會想要問「為什麼？」就能進而提升聽眾繼續聽下去的意願，而且能夠取信於聽眾，因此統計、數據是非常好用的技巧之一。

技巧三：說些實例、軼聞

如同在第二天的內容所介紹，聽眾對故事都會感到興趣。因此可以舉出一些實例或軼聞，來做為開頭破題。

技巧四：問題、課題的提示

這是一種讓聽眾以為自己是當事人的手段。

煽動聽眾的危機意識，讓他們的心理狀態產生不安定感，再告訴聽眾，在之後的演說內容中，就會有如何擺脫這種不安定感的方法。

這麼一來，不管聽眾願不願意，都會開始對演講者接下來的演說內容產生興趣。

在序言的階段，要先告知接下來要介紹什麼內容，藉此挑起聽眾的興趣。

以「問題、課題的提示」這種方式開場，對於先前提過的「知識．需求象限圖」中的D象限（知識多、需求少）這種人來說，非常有效。

最重要的是在進行描述時，要用更加具體的現象或場景，讓聽眾有「的確會有這種情況」的感覺。

反過來說，像是「大家在使用電腦的時候，有沒有覺得困擾的事情啊？」這種籠統的問題或表現，就是錯誤的示範。

第二部分：主體（Body Part）

切入主題內容階段

序言的部分結束之後，就要進入主體的階段。

簡單來說，主體（Body Part）就是內容的根幹，由「主要內容」以及「輔助部分」所組成。

總而言之，主要內容就是對於「請用一句話表達你所要說的內容」這個問題的回答。換句話說，也就是在演說內容中可以被稱作為主題的部分。

而輔助部分，則是用以支持主要內容的根據及說明。

在主體的部分要注意兩個地方：

① 明確地傳達主要內容；

② 將輔助部分整理為三點。

接下來，分別就以上兩點來做介紹。

●「明示」聽眾，不要拐彎抹角

從以前到現在，我看過許多的演說，但往往都是最重要的主要內容部分表達得很不明確，甚至有些演說連主要內容都沒有。

對聽眾而言，這種演說會讓人認為：「我聽了這麼多內容，卻不知道演說者所想要表達的重點是什麼？」

當然，這樣的演說內容對聽眾並沒有說服力，也沒有辦法打動人，因為你根本就沒辦法表達出想說的內容。

因此，最重要的就是要用一句話，讓聽眾可以收到類似「重點就是這個」等直接明瞭的訊息，最好是在一開始的時候就明示，這樣聽眾才能夠一邊聽著你的介紹，一邊判斷你所介紹的內容是否適當。

一句話，點出演說重點

那麼，要如何才能明確地傳達出你的主要內容呢？最簡單的說法就是直接的表現方式，類似「我現在想要說的，就是○○」。

不過，方法當然不會只有這麼一個。比如說，將適合主要內容的事物，用各種的手段，從不同的點切入，並從不同的角度來表現。

總之，就是用一句話來表達你所要說的內容。如果連這一點都沒辦法做到，那你還能表達什麼更細節的內容嗎？

在準備演說大綱時，最困難的就是「主要內容」。

這時候，可以使用我要介紹的「3C質問」，就會變得相當簡單。

這是由Customer（這裡指的是聽眾）、Company（自己或自己的公司）、Competitor（競爭對手）幾個單字的字首組成，並以這幾個字為切入點，先詢問自己「聽眾們想聽些什麼內容？」、「我們的強項在哪裡？」先反問自己再列舉出答

●主要內容不同於主題

所謂的「主要內容」看似容易，但其實很容易讓人誤解。舉例來說，下面的兩個句子中，有一個是主要內容，另一個則不是。那麼，哪一個才是主要內容呢？

①今天，我要向大家推薦個人購買國債。

②各位，現在購買個人國債比較划算喔！

答案是②。

這兩個句子，究竟有哪裡不同呢？

講起來有一點抽象，從句子②裡看得到方向性，而句子①裡面則沒有。再具體一點來說，句子②還有討論空間，但句子①就沒有了。

在句子②中，聽眾聽到後的反應，應該是「購買個人國債會比較划算嗎？真的嗎？為什麼你這麼肯定？」但在聽到句子①後，聽眾的反應可能只有「這樣呀！那你就介紹吧！」因為在第一個句子中，並沒有強調出你的主張。

案，這樣就會比較容易找出來主要內容。

還有要將最基本的內容整理成一個重點。所謂的演說，並不單單只是把你所說的內容，讓聽眾了解而已，還要讓聽眾聽完後，產生改變才行。如果只讓聽眾覺得「啊！今天聽的內容真是不錯！」那這個演說算是失敗的。

一個演說需要有中心主張，而這個中心主張要在主要內容的部分就進行介紹，並且需要做一些補充，來補強這個中心主張。

句子①的其實就是「主題」。所謂的主題就是指領域。

許多人會把主題與主要內容混為一談，在演說時只有講述主題，卻沒有明確的主要內容，導致演說的內容沒有中心主張。

●將輔助部分整理成三點

在主體的部分還有一個重點，就是「將輔助部分整理為三點」。

就是下面這種開場方式：「我想說的內容是○○，對此我將重點整理成三點。」

為什麼要整理成三點呢？

最重要的原因，就是因為「穩定性較佳」。

你聽過「Magic Number-3」這個詞嗎？

這是指「一個人的頭腦擅長記憶三項以內事物」的理論。據說人類的大腦如果記憶四個以上的項目時，牢記在大腦的程度便會大幅降低。

當然若能整理成只有一點或兩點，在記憶上也不會有任何問題，但重點越多的話，說服力也會比較高。希望你能姑且先相信這個理論，將輔助部分分為三點，並且試著做看看。但是，要怎麼樣分才比較好？並不是一件容易的事情。

想要適當的將輔助內容分為三個部分，就要思考哪裡是適合的「切入點」。

我們可以舉幾個例子：

●關於顧客（Customer）、關於自己的公司（Company）、關於競爭對手（Competitor）。

●目標、課題、解決方案。

諸如此類，像這樣事先尋找一些切入點，也是相當不錯的辦法。

這種「主要內容＋三個輔助部分」的形式，在主體裡面是相當流暢且容易理解的構造。

以「主要內容＋三個輔助部分」來組成主體！

第三部分：結尾（Ending）

補強「主體」的功用

顧名思義，「結尾」就是一場演說的最後收尾。

結尾的目的，就是要加深聽眾對於整體演說的印象，並且牢牢記住。由於最想要表達的重點，已經在主體的地方講過一遍，因此相較之下，與其在結尾的部分增加新內容，更被要求要扮演「補強主體」這種輔助的角色。

「想要表達的重點都已經在主體的部分提過了，為什麼還需要結尾呢？就算沒有也沒關係，不是嗎？」

的確如此，結尾的部分自始至終都只是扮演輔助角色而已，就算沒有，大致上內容還是可以理解。

但是結尾的部分還是十分重要。

這是為什麼呢？

我在這裡介紹重要的一點。

基本上，這些聽眾都是傻瓜。

如果沒有這種認知的話，你就沒辦法做出一場讓聽眾容易了解的演說。

●聽眾都是傻瓜？

至於「這些聽眾都是傻瓜」，這句話是怎麼一回事呢？

所謂的聽眾，就是聽了你的演說後，就會馬上忘記的一種生物。

舉例來說，無論聽眾當下多麼認真聽你所講的內容，這種狀態都無法永遠持續下去。

往往在聽完演說後，又會開始思考其他事情。你所說的內容能占據聽眾腦內的時間，其實就只有你在講話的時候。

在你一講完話的瞬間，談話內容在聽眾腦內的占有率，就會開始逐漸下降，甚至在聽眾的日常生活中漸漸地被淡忘。

這是因為你的演說內容，對聽眾來說並不是第一優先的項目，很遺憾的是，就算是非常引人注意或關心的演說，也無法奪下聽眾人生中第一優先順位的寶座。

正因為有了這個「聽眾會馬上忘記」的前提，因此，請一定要在這個前提下進行演說，你必須盡可能地讓聽眾留下深刻的印象，讓他們難以忘記。

●加強聽眾記憶的方法

那要怎麼做才好呢？

大體來說有兩點：就是「複習」和「影像化」。

令人意外的是，聽眾對於演說內容的理解程度，往往比演講者所想像的還要不理想，當然也有例外。最常見的情況是：「雖然不至於完全不懂，卻又覺得似懂非懂，不能完全想通。」造成這種情況的主要原因，包括內容的資訊過多、敘述冗長，或是細節說明過多等因素。這會讓聽眾大腦的運作無法完全處理，所以請盡可能敘述簡單一點吧！

所謂的複習，就是不斷重複主體的內容，特別是在主要內容以及三個輔助部分的解說，再次清楚地傳達整體內容給對方。

至於影像化，則是將主體所介紹的內容，再進一步清楚地解說。這裡不需要新資訊，只要將原有的內容具體化即可。

如同我們在第二天所說的，在人類腦中，不容易忘記具體而清楚的影像，因此才會建議在這個時機使用這種技巧。

結尾關係著整體印象

一場演說若在結尾不能讓人留下深刻印象，就表示這場演說的結束方式不夠嚴謹。如此一來，不但會使聽眾對演說的整體印象變得模糊，甚至會留下不好的印象。

結尾的好壞，會讓觀賞完之後的感受完全不同。在電影或舞台上如此，在演說上也是如此，請一定要注意。

關於結尾部分，最後的結束句子該怎麼說才好？我提供兩個訣竅：

❶最後的結尾，可以用下列兩個句子的這種感覺來做為結束，「我的演說到此結束。承蒙聆聽，非常感謝。」

❷最後一句的音調稍微提高。

只要運用這兩個訣竅，就能做到一個結尾嚴謹的演說。

只要結尾做得好，整體就會變得十分理想。結尾可以左右整體演說的印象。

清楚表達內容的技巧一：循序漸進

你該牢記又實用的技巧

我們已經在前文說明過Structuring，也就是如何將演說結構化。如同先前所述，所謂的Structuring就像是學開車，需要花相當的時間才能熟練，並沒有一蹴可幾的方法。接著介紹以下三種技巧：「循序漸進」、「整理、分類」以及「選擇適當語詞」，只要能夠牢記在腦海裡，在你著手運用這些技巧的瞬間，你的表達力就會變得更加清楚。

這三個技巧都是很實用的工具，而且非常容易，如果不能牢記，可是非常可惜。

首先，第一種是「循序漸進」，這部分有三種不同的方法：

第一、先做預告再進入主題；

第二、先就結論開始敘述，再敘述來源或詳細內容；

第三、先說明整體內容，再就細節進行說明。

接下來，分別就上述幾點進行說明。

●方法一：先做預告再進入主題

循序漸進最基本的方式，就是先預告再進入主題，也就是在進入主題時，先預告接下來要介紹哪些內容，讓聽眾能夠更容易了解。就像下列這些具體的例子。

①預告重點的數量。

「現在開始我要介紹三個重點，首先第一個重點是……」

②告知談話者的立場、定位。

「關於這件事情，我站在○○○的立場發表個人意見。」

③預告內容的重要性。

「現在開始我要介紹的部分非常重要，那就是……」

就像這些作法，讓聽眾對即將開始介紹的主題有所準備。

舉例來說，在「預告重點的數量」後，聽眾的腦海中就會浮現下述的變化：

當談話者說出：「現在開始，我要介紹三個重點」的瞬間，聽眾的腦中就會出現三個盒子。隨後當談話者說到：「首先第一個重點是」之後，聽眾腦中的其中一個盒子便會亮起燈來，而隨後聽到的「第一個重點」，就會被裝入這個亮燈的盒子之內，接著的每個重點都會分別被納入不同的盒子中。

藉由這種先做預告再進入主題的方式，談話者就能夠依個人的喜好，操控聽眾腦中的思考方式。

因此，希望你能記住這三個慣用句：「現在開始我要介紹三個重點。」、「關於這件事情，我站在○○○的立場發表個人意見。」、「現在開始我要介紹的部分非常

建議你在演說中，多使用與「預告」或「整

重要。」除了背起來，並試著使用看看，相信只要這麼做，就有很大的進步。

為什麼我敢這麼肯定的說呢？因為在你周遭的人當中，有一大半連這三個慣用語都還不能好好地運用。

方法二：倒著來，從結論先說起

先說出結論，再說明為何會導出這樣的結論。這也是循序漸進，讓內容變得容易了解的技巧之一。

常常有人會說：「首先，請先從結論開始說起吧！」可見大家都非常了解，從結論開始說明的重要性，但卻經常又做不到這一點，究竟原因何在？

有幾個理由，其中最典型的就是：「將事物依照時序來敘述。」也就是將結論出現前所發生的事件或思考過程，全都依序說明。如此一來，結論當然會被擺在最後。

按照時序說明的方法，是因為演說者過於希望聽眾能充分理解演說者所經歷的思

理」等相關聯的詞彙：「主要來說」、「在此最重要的重點在於」、「直接了當地從結論上來說」、「簡單地說」。只要一說到這些詞彙，聽眾對於「我該聽哪些重點？又該怎麼樣來聽？」的問題，就能先做好心理準備，非常輕易地了解內容。

考過程所導致，但對聽眾來說，這樣的說明方式其實非常難以了解。在看不到最後終點的狀態下，就算展示過程給聽眾看，聽眾的理解還是會非常遲緩。所以，請養成「先就結論開始敘述」的習慣吧！

●方法三：由整體內容進入細節

接著介紹「先說明整體內容，再開始詳述細節」的談話方式。

如果能夠依照「三明治公式」，在一開始就先提出大綱，基本上應該就不會有什麼問題。

不僅僅如此，還必須要在三明治公式的各個表格之中，徹底實踐「先說明整體內容，再開始詳述細節」這項準則。

之後介紹細節時，在重要的地方還是要回到整體的觀點來觀察。

如果有機會的話，你可以從較大的觀點，來看看自己現在正在介紹的內容，在整

曾有一位馬拉松選手說過：「若在不知道終點位置的狀態下長時間跑步，就算跑步的距離沒有多遠，所累積的疲勞大概也有平常跑馬拉松的好幾倍。」同樣的道理，沒有先說明結論，就直接介紹，對聽眾而言也是一樣的情況。

體中究竟是屬於哪個部分？就像是下面這樣的感覺：「現在的內容，從整體來看，就等於○○的部分。」

以上介紹的三個重點，我想都相當容易使用，也希望你能熟練地使用前面舉例的慣用句，相信你一定會對它所帶來的變化感到驚訝。

熟記「循序漸進」的慣用語，並試著馬上運用。

清楚表達內容的技巧二：整理、分類

讓雜亂無章的資訊好理解

某些情報相當不容易重新組合，只要摻雜在一起敘述，就會使整體內容難以理解；另一方面，有些情報就算摻雜在一起敘述，內容也不至於太難理解。

兩種情況的差異在於，這些情報本來就不相似，只要一聽就可以知道是其他的內容。換句話說，碰到類型相似的情報，就表示談話者必須先做出明確的區別，再做敘述。

在此舉一個常見的例子，發生場景是上司要求部屬報告的時候。

「田中先生，A公司的專案進行得如何？」

「是，部長。A公司的專案遇上了一點困難，對方要求我們降價，我想大概只要降五%就沒問題，後天會再次與對方協商。」

「這樣嗎？我知道了。（是呀！降五%的話就算了）。現在要先爭取時間，就算減價，也要趕快談出結果來。」

三天後。

「田中先生，A公司的專案結果如何？」

「是。在昨天的協商中總算達成協議。我們被要求降價一〇%，但由於要爭取時間的緣故，所以我們就以這個條件達成共識。」

「什麼！為什麼是一〇%？如果只有五%的話，還勉強沒有問題。但一〇%的話不就是賠錢生意嗎？」

「咦？可是部長，您說要爭取時間……」

「那是因為你當時說只有五%，如果五%的話那就算了。可是一〇%的話，情況就不一樣了！」

「其實，五％只是我的感覺而已，對方要求的具體降價幅度是昨天才提出來的……」

「那麼，你為什麼不像這樣好好地報告呢！」

●分辨談話中的事實與意見

像這樣在認知上的不一致，是許多辦公室內經常發生的狀況。

那麼，剛剛案例中是哪個地方不恰當呢？

仔細回想一下，在田中的報告中，將A公司的要求、磋商的狀況（事實），以及田中自己的想法（意見）摻雜在一起。

讓我們再次來檢視，哪個地方不恰當。

「A公司的事情稍微碰到了一點困難，對方要求我們降價……」

像這個樣子，田中將自己的意見，夾雜在A公司的要求（事實）以及磋商的狀況

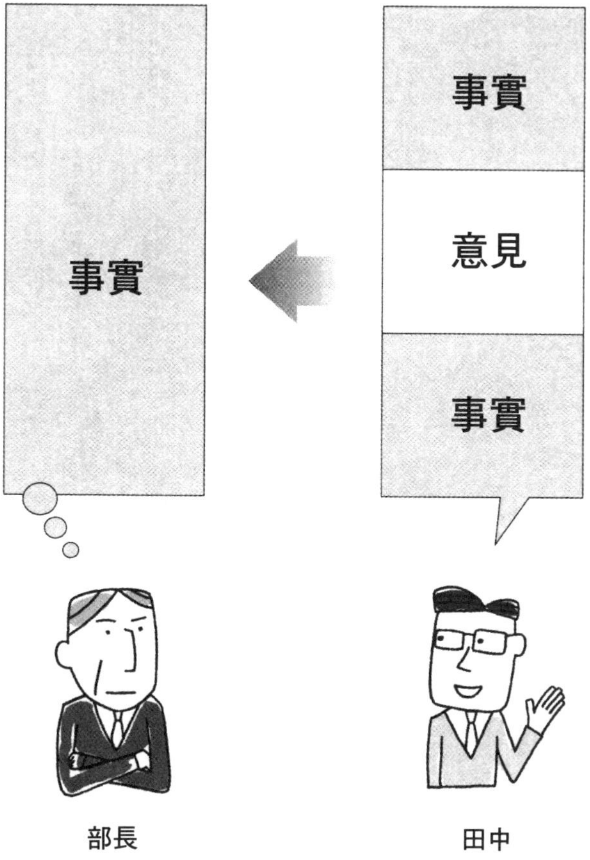
事實
事實
意見
事實
部長
田中

（事實）之中。當然如果注意聽的話，可以發現五％只是田中的推測，但整段話已變得讓人不容易理解。如果這個時候田中用另外一種方式來表達，會是如何呢？

「A公司的事情遇上了一點困難，對方要求我們降價。後天我們會再與對方進行協商，到時候會再進行具體的價格交涉。我想只要降價五％，對方大概就會同意。不知道部長的意見如何？」

「這樣嗎？那麼現在就先爭取時間吧！如果五％以內的話，後天磋商時就直接進行下去，但如果對方要求更大幅度的降價，那麼在確認金額之後，再帶回來討論吧！」

像上述這樣的說法，部長應該就能做出明確的指示了。

將不同的情報分開敘述，避免產生誤會。

在同一時間敘述不同種類的情報時，明確地將這些情報做區分往往較為恰當。比如說：「原因」與「結果」／「原理原則」與「實例」／「課題」與「解決方案」等。

清楚表達內容的技巧三：選擇適當語詞

多用關鍵字，讓談話內容不拉雜

在這世界上存在著一些「整理說話的專家」。能將談話者拉里拉雜的內容，簡單地以「原來如此，總之你講的就是○○是吧！」的方式做整理。

這是因為這些人除了擁有能夠精準抓出說話者內容重點的能力之外，談話時也能使用那些能將內容精簡的關鍵字，這項技巧也相當重要，就是接下來要介紹的「選擇適當語詞」。如果談話時間越長，往往內容就會變得更複雜而難以理解。

我們生活周遭有許多運用「適當語言化」的例子。LAWSON（日本著名連鎖商店）的廣告詞「社區裡的安心小站」就很出色。從網頁中社長的問候，就可以了解短短一句話，包含許多想法及策略。特別是在重要的詞語或關鍵字上，只要能做到「選擇適當語詞」這一點，內容就能相當清楚，讓人容易理解且印象深刻了。

這就像是拼圖一樣，有的拼圖是十片，也有一百片，甚至更多片。但一百片拼圖的難度，一定是十片拼圖的十倍嗎？答案當然不是如此，兩者之間的差異實際上更大。拼圖是每個小片不斷組合而成，因此難度應該是有著幾百倍、幾千倍的差距。

同樣情況也發生在演說上，如果演說越長，內容中每個部分彼此間的關聯性，也就會變得更加複雜。因此重點就在於，演說內容要越短，才越容易被了解。所以運用簡短的關鍵字，與簡單易懂的說話方式，彼此是直接相關的。因為每一個詞句中都含有許多的意義，可以達到縮短內容的目的。

看新聞報章，找出隱藏的標題

在研修期間，我曾經做這樣的訓練活動。找出一篇雜誌文章，將標題的部分塗黑遮起來，讓參加的學員閱讀文章內容，來推測文章的標題。這項訓練活動很能夠帶動現場氣氛，並且訓練學員使用關鍵字的能力。

「內容是否合邏輯」與「內容是否簡單易懂」，究竟哪一個比較重要呢？

答案一定是：「內容是否簡單易懂」比較重要！

理由如下：如果要判斷說話者的內容是否合邏輯，判斷者也必須具備一定程度的邏輯能力。因此，能判斷內容是否合邏輯的人，其實只有一小部分。相對來說，內容是否簡單易懂，每個人大致都能夠以自己的標準來進行判斷。因此，請先以「簡單易懂」的演說為目標吧！

不過有些人擅長使用關鍵字，也有些人不擅長。若是不擅長使用關鍵字的人，就算想要整理別人說話的內容，也抓不到要領，往往會偏離內容的重點部分。

那要注意哪些地方，才能熟練地運用關鍵字？關鍵字的構成條件有三點：

①包含整體內容的詞語。

②關鍵字本身都很簡短。

③對所有人來說都相當耳熟能詳的詞語。

只要能夠找到完全符合上述這三個條件的詞語就可以。請先試著自己做一次這樣的練習，雖然有點困難，但有很大幫助。

運用關鍵字，能讓內容更容易理解。

第四天

基礎篇3

讓人一聽就信你的表現技術

何謂「表現術」（Delivery Skill）？

這樣做讓聽眾信任你

終於要進入第四天的課程了。

到目前為止，我們已經學習讓說話內容更加有趣的技巧，以及如何組織說話內容，讓內容更簡單易懂，這些都算是對於說話內容的強化。

因此，聽眾對於你的評價之所以能夠提高，並不是因為你本身的緣故，而是來自於你的說話內容。

接下來，我們要學習的，是如何表現自己的技術。

當然，能夠說出有趣或是簡單易懂的內容，的確能讓聽眾提升對你的評價，但這畢竟只是間接性的效果而已。

聽眾們應該會有這種感覺：「既然能夠講出這麼有趣，又簡單易懂的內容，想必你一定是一位很優秀的人吧！」但是，從現在開始所要學習的技術就不一樣了。我們要直接提升聽眾對你本人的評價，讓你看起來像是一位值得信賴的人。

這是一種讓聽眾能說出「只要是他的話，一定沒問題」的技術。

因此，如果你認為你還不能完全獲得周遭信賴的話，接下來我們所要介紹的技術，希望你能夠好好地學習。

什麼？竟然能夠這麼輕鬆？

沒錯！接下來我們所要學習的技術，相較先前介紹的內容，只要花極短的時間就能夠熟練，而且只要依照正確的做法執行，你一定可以學會。

教你「要怎麼說」的技術

那麼首先，先來介紹我們接下來所要學習的內容大綱，這是一種在專業用語中稱做「表現術」（Delivery Skill）的表現技術。

所謂表現術，是在已經決定好下一句台詞的狀態下，要如何把這句台詞說出來的所有技巧。

包括：說這句話所發出來的聲音、說話當時的表情、身體的動作和手勢等內容。

或許你會反問，這些內容重要嗎？其實真的非常重要。

當我提到這些內容，最容易讓人聯想到的就是演員。在電視連續劇中，或許不太可能出現，但在長期間演出的劇中，便常常有多個演員演出同一齣戲裡同一個角色的情況。

比如說，音樂劇《孤星淚》在二〇〇四年就由山口祐一郎，以及別所哲也等人，同時輪流擔任主角。由兩個人同時擔任一個角色的劇場，就算劇名、劇本完全相同，

你聽過「麥拉賓定律」（The Rule of Mehrabian）嗎？

麥拉賓定律是將說話者給予聽眾的影響，依照不同要素進行分別。根據此定律，說話內容對聽眾的影響只占七％，其他如：說話的音質、音調占三八％，表情、動作則占五五％。關於這項定律的正確與否，還存在著許多不同的意見。但它告訴我們，除了「要說些什麼」（What）之外，「要怎麼說」（How），這一點也同樣重要，

是個相當容易運用的定律。

但只要換了演員，就能讓人覺得彷彿置身於不同的劇場中。

這是因為演員的臉、聲音、說話方式、表達、節奏、動作等，都擁有凌駕於劇本之上的影響力。呼應剛剛所提到的內容，這些全部都屬於表現術的要素，重要性不言而喻。

表現術除了易學、具有強大效果外，還能提高你自身的價值。只要學起來，是相當符合成本績效的。

請你務必靜下心，好好學習第四天的課程。

「表現術」（Delivery Skill）學習起來相當容易，也能馬上產生效果。

你給別人什麼印象？

聲音或表情所傳達的訊息

「表現術」（Delivery Skill）是一種藉由聲音或表情、動作與手勢，來表現自己的技巧。所以，表現術能夠左右你給別人的印象。

接著就舉幾個例子，來看看聲音或表情如何影響印象。

- 「聲音小」—沒自信、虛弱的、纖細、敏感的。
- 「聲音大」—有精神、強壯、不拘小節的。
- 「笑容」—溫柔的、相當放鬆的、沒有隔閡的。
- 「擺臭臉」—冷酷的、很緊張的、很生氣的、沒有幹勁。

就算說話者本身未意識到，但包含在聲音或表情中的許多訊息，都會傳達給聽眾。

●「表現術」沒有絕對的標準

我想或許你已經察覺到，上述幾個例子中所內含的訊息，許多都不是單純只有一種好或不好的意思而已。

就拿「聲音小」這一點來說，應該很少有場合需要傳達給對方沒自信、虛弱的形象，不過有些場合就需要用到纖細、敏感的形象。

反過來說，「聲音大」代表著有精神、強壯的形象，應該很少會帶來不好的效果，但不拘小節的形象，在很多情況下就不見得是件好事。

假設你是個需要接受腦部手術的患者，而負責手術的醫師給人一種「不拘小節」的形象，你應該會覺得有點不太放心吧！像這種以毫米為單位的手術，當然會希望讓一位較纖細、敏感的醫師來執刀。

因此，所謂的表現術，並沒有一致的標準，只要學起來就萬事皆可迎刃而解那麼簡單。你必須思考，什麼樣的表現術對自己是必要的，然後取捨、選擇這些技巧。

特別是在商業場合，會依據人以及情況的不同，希望帶給對方的印象也會跟著有所改變。比如說：

●在想要被人覺得穩重可以信賴的場合。

●在想要被人覺得細心、腦筋十分靈活的場合。

●在想要受人歡迎、讓人覺得孩子氣的場合。

當然，如果輕易的過度改變形象，會讓人覺得你有多重人格，這樣反而是本末倒置，因此應該要依照不同場合，適當轉換形象，就像是戴上合宜的面具一般。

●用言語表達你要給人的印象

因此以順序來說的話，就是下面這個樣子。

首先，先用言語來表現你希望帶給別人的印象。

比如說，「有專家的感覺」，或是「看起來很誠實」、「看起來很有趣」等，然後再針對「你所希望帶給人的印象」，選用有效的表現術。

聲音大一點還是小一點比較好？音調高一點或是低一點比較好？說話速度快一點或慢一點，哪一種的效果會比較好？什麼樣的表情比較適合這種印象呢？……決定選用哪些技巧後，只要針對個別的要素練習，能夠同時並行地使用就可以了。

這裡希望大家千萬要注意一點，就是世上並沒有萬能的表現術。請仔細確認，這些技巧對於你所想要帶給別人的印象，是否真的合適？

針對你所希望帶給別人的印象，以及當時的情況，選用適合的表現術。

在研修課程期間，我會讓學員們進行一種訓練，就是針對「自己想要給人什麼樣的印象」來設定目標，再發表演說。因為大部分日本人只會注意「要說什麼」，至於「要怎麼說」，反而不太關心，所以在演說的時候，請從「What」以及「How」這兩個方面來設定目標吧！

給人沉穩印象的姿勢

好的姿勢能帶給人果決感

那麼就先來介紹第一個表現術：「姿勢」吧！

簡單來說，就是把身體拉直而已。令人意想不到的是，居然有許多人做不到，所以當我在指導的時候，一定都會挑出來特別指正姿勢這一點。

平時只要站在鏡子前面注意一下，不論是誰都能夠調整好站姿。但只要稍微不注意，就無法維持下去原來的姿勢。尤其大多數的人只要一開始講話，姿勢就會變得越來越醜。

我要提醒的是，只要講話時保持良好的姿勢，就能夠帶給對方沉穩的印象，因此只要注意姿勢這種小地方就可以了。

既然這麼簡單就能帶給別人好印象，那我們就更應該好好矯正姿勢。

重點在於脊椎、頭、肩膀

矯正姿勢時，應該注意身體的三個部位：脊椎、頭和肩膀。

脊椎的部分，重點就是不要駝背，感覺就像是把整個上半身，放在臀骨上。

頭部的部分，則是將頸椎挺直，就像頭蓋骨置於身體的上方，常常可以看到有些人的頭部會突出頸椎，看起來就像原始時代的尼安德塔人的側影，這樣其實並不太理想。

此外，也常有人會不自覺抬高下巴。只要下巴一抬高，別人的視線看起來，就會像是你由上往下傲視的感覺，會給人一種很沒有禮貌的印象。如果你不想給人這種印象，就請把下巴收進去吧！

至於肩膀部分，請注意不要讓肩線太過突出。你可以將雙手置於腰上，挺起胸膛，保持這樣的姿勢，然後雙手自然放下即可。

●想像自己是從天花板垂吊下來

只要能夠注意這三點，你的基本姿勢應該就能變得標準。

但如同我在前面所提到的，一般人往往很難一邊注意自己的姿勢一邊說話。因此，我現在要介紹能夠一次兼顧姿勢，矯正脊椎、頭和肩膀三個部位的方法。

請想像，有一條線正拉著自己的頭頂中央，把自己想像為一個手機吊飾，被這條線向上拉提，這樣自然就能調整姿勢成為理想的狀態。

此時如果下巴會向上抬高，那麼就請想像將線拉的位置，往頭部後方移動一公分，這樣下巴自然就會縮回去。

如同上述舉例，只要能夠意識到「有條線正從頭頂上方拉著」，即使原先必須注意的地方有三個，現在也只需縮小到注意一個地方就可以。但如果真的連一個地方都沒有辦法注意，那某種程度上，就是習慣問題了。

一旦開始說話後，某種程度上，就只能依靠自己的習慣了。因此，希望你至少在開始說話前，以及話完說後，能夠確實注意自己的姿勢。

如果是在公開場合演講，當你走上講台時；或是在商業場合，當你前往開會的會議室時，希望你都可以提醒自己，讓人看到自己完美的姿勢。雖然聽眾中不會有人因此對你說：「你的姿勢真好！」但其實這是大家都能觀察到的地方。

不僅是站著，就連坐著，或者是走路的時候，也要不時想到「有條線正從上方拉著」這一點。你不需要無時無刻意識到這件事，只要「偶爾想起來，並且只要稍微注意就好」，這就是養成習慣最有效率的方法。

「姿勢」非常重要，請確實地挺直你的背吧！

呈現出躍動感的身體語言

外國人的身體語言比較自然？

「說話的時候，把身體和手的動作再加大一點。」我曾經這樣要求學員的時候，有人反駁：「老師，說話加入身體語言，對我們來說，會不會不太自然？雖然看外國人說話時的動作都覺得很自然，但我認為我們這樣做，往往都會有種令人覺得不協調的感覺。」

這個意見，的確很有道理。

任何事情過猶不及，做過頭固然不好，但大多數的人，其實都是做得太少。

請你比較左頁下方這兩幅插圖。哪邊比較能夠讓你感覺到演講者的躍動感？

答案應該不用說吧！當然是右邊了。

那麼，如果插圖中的人是日本人的話，會讓你覺得不協調嗎？我想應該是不會吧！

像這樣適度的身體語言，不但不會招致不協調的感覺，還能讓內容更加生動，不試試看的話就太可惜了。

上半身的動作

那麼在身體語言中，包含哪些部分呢？日文中的「身振り手振り」（身體動作、手部動作）就是指身體動作與手部動作。

所謂的身體動作就是指上半身的動作，

主要包括左右迴轉和前後動作。

「左右迴轉」很容易理解，在有許多聽眾的時候，演講者為了能夠面對每一個不同方向，需要做左右迴轉的動作。在大多數的情況下，會和下一個我們要介紹的眼神接觸（Eye Contact）相互搭配。

演講過程中常見的另一種狀況，是演講者只將視線朝向聽眾，這種作法並不理想，會讓人有一種不受重視的印象，也會給人一種演講者高高在上的感覺。因此希望你能確實地以正面看著聽眾。

至於「前後動作」，是指逐漸朝對方靠近的動作，在重要的地方，往聽眾的方向逼近一步。這樣的動作，能讓凸顯內容的強弱，更容易傳達出你的熱情與誠意。

●手部的擺動

所謂的「手部動作」（手振り），顧名思義，就是指手部擺動的樣子。像是用手

在你學習身體語言的時候，希望你能以單口相聲家或說書的人

指著某件事物，或是畫出某件東西的形狀等。

身體語言卡卡的原因

有沒有什麼訣竅，能讓我們更熟練地使用這些身體動作、手部動作呢？

如果反過來從另一角度來說，身體動作、手部動作會失敗，都有一些既定模式，只要避免就能表現出熟練的身體語言。所謂的既定模式包括以下三項：

第一、動作過小。

第二、動作過快。

第三、動作過於單調。

第一項「動作過小」的問題，幾乎存在所有的日本人之中。特別是手部動作，許多人只會擺動手肘以下的前臂部分。請把你腋下的部分張開，用整隻手臂做大幅度的動作，不然的話，只會給聽眾舉止不夠從容的印象。（我想，應該不會有商業人士希

為參考對象。他們在整體的表達方式上，包括對於聲音的抑揚頓挫、製造時間空檔的方式等，都有許多值得學習的地方。尤其是他們的身體語言也很豐富，因此希望你能以他們為範本進行學習。

望給人這種印象吧！）

第二項的「動作過快」，是指只有稍微做一下手部動作，很快就停下來。舉例來說，就像只是手指白板一下，就馬上把手放下這樣的感覺。如果這種動作也可以慢慢來，就可以表現出沉穩的感覺，同時也可以避免聽眾錯過你手指向白板的動作。

第三項的「動作過於單調」問題，是屬於身體語言的變化。如果動作只有一兩種，難免會令人生厭，因此建議多以幾種動作的變化來做組合。

說話中加入身體語言（身體動作與手部動作），讓內容產生躍動感。

想讓自己看起來更像專家？如何運用自己身體語言，有以下三個重要訣竅：

❶用力地伸出你的手指頭。

❷將你的手肘伸直到八至九成左右的程度（若完全伸直的話，看起來反而會有點像小朋友的感覺）。

❸伸出去的那一隻手，請保持靜止二至三秒。

上述每一項都不困難，請你一定要試試看。

適當的眼神接觸展現自信

●何謂「眼神接觸」（eye contact）？

所謂的眼神接觸，顧名思義，就是指彼此的視線（Eye）互相交會（Contact），也就是從小老師經常教導我們的，「要看著對方的眼睛說話」。

眼神接觸的重要性，不僅是表現禮儀或禮貌，如同我最初所說的，為了讓自己的印象加分，眼神的接觸也很重要。

曾經有心理學的實驗調查，講話時看著自己眼睛的人，以及講話時視線避開自己眼睛的人，分別會帶給我們什麼樣的印象。調查結果發現，講話時看著對方眼睛的人，會帶給人「誠實」、「有自信」的印象。另一方面，講話時視線避開對方眼睛的人，則會帶給人「不誠實」、「正在說謊」的印象。

我認為眼神的接觸，是面對聽眾時候一種誠摯心態的表現，希望讓自己能夠被聽眾接受。此外，眼神接觸的表現上，在面對多數人、或少數人（或者是一人）說話的場合，以及說話的場合，也會有不同作法。

首先，對多數人進行眼神接觸時的重點，我們列舉如下：

①與每一位聽眾的眼神相互交會。

②調整彼此四目相交的時間。

③不要一直盯著資料看。

●與聽眾中的某人眼神交會

首先是「與每一位聽眾的眼神交會」這一點，常常會有人弄錯，以為就是在台上模糊地望著全體的聽眾。我要的不是這樣，而是要看著對方的眼睛說話，像是想要認

在我的研修課程中，會進行一項「Eye Contact Exercise」的訓練，就是站在聽眾面前，意識到眼神接觸的同時，來進行演說。聽起來是個簡單的訓練，其實出乎意料的困難。我們常會發現以下這些狀況：

❶眼神的移動非常快速。

❷太常盯著天花板或地板的習慣。

❸看資料時間過長。

如果能在日常生活中注意這些狀況，並實際試著改善的話，你會很驚訝地

出所有人的長相這種感覺。

進行眼神接觸的時候，要讓聽眾感覺到「啊！他正在對著我講話。」這一點非常重要。如果只是模糊地望著全體聽眾，應該不會有任何一個人，能感受到「他正在對我說話」。

常常保持對眾多聽眾中某人說話的狀態，最是理想，然後再持續地更換這所謂聽眾中的「某一個人」。

據說作家中谷彰宏先生在創作的時候，會先想像一位具體的對象，寫作的時候就像是在對那個人述說似的。

在創作和演說上，或許都有著「雖然想要述說給更多人知道，但假想的對象卻常常只有一個人」這樣的共通點也說不一定。

發現，其實這是很容易矯正的。當你在開會或是在賣場上說話時，請稍微試著注意一下吧！

調整四目相交的時間

第二點是「調整彼此四目相交的時間」。一般認為每次眼神接觸的時間，在一到三秒左右最恰當。

如果不到一秒的話，聽眾無法清楚地確認你們的視線正彼此相對。此外，由於與每個人眼神接觸的平均時間減少的緣故，會使得你的視線移動變得十分快速。這樣會讓聽眾對你留下「東張西望很不鎮定」或「眼光四處遊移」的印象。

另外，如果眼神接觸超過三秒，可能會讓聽眾有些緊張或不舒服的感覺。

那麼，在一秒到三秒之間，又以多長的時間比較恰當呢？這就要看你想要給聽眾什麼樣的印象了？此外，這也與你在說話當時的其他因素有關係。

如果你是說話比較慢的類型，那麼眼神接觸時也應該要同樣放慢速度，最好能確實地與對方的視線相對。反之，如果你是說話節奏比較快的類型，那麼最好能以大約每隔一秒的速度來更換與你眼神接觸的對象。

你一定要練到能稍微瞄一下資料並且「記住」後，就能立刻對讓眼神接觸成為你帶給對方印象中的一個要素，並且與其他要素運用取得平衡。

●不要一直盯著資料看

在公開的演講場合，或者是在開會時，要特別注意這一點。

常常有人說：「講話的時候不要一直盯著資料看。」演說時把視線完全集中在資料上，而不看著聽眾，感覺就像是聽眾都不存在一樣。你應該也參與過這樣的演說吧！對聽眾來說，感覺並不好，因此要避免這樣的情況發生。

為了不看著資料也可以演說，難道一定要把所有演說內容都背起來嗎？很遺憾的是，大多數的商業人士並沒有這麼多時間。

我有個更簡單的解決方法。那就是「縮短每一次看資料的時間」。先瞄一下資料後，再重新面對聽眾。再稍微瞄一下資料，之後又重新面對聽眾，一直不斷重複這個動作。

所有人說話。因此，當你瞄向資料的時候，其中的關鍵字必須已經以簡潔醒目的方式寫在上面。演說的資料，不僅是為了聽眾準備，同時也是為了自己準備。因此，你一定要讓資料變成演說用的參考書。如果資料寫得雜亂無章，讓你沒辦法記起來，結果只好把資料完整看完，最後會導致演說無法帶給人深刻印象的結果。

之所以會帶給聽眾「一直盯著資料看」的印象，並不是因為看資料的次數過多的緣故，而是因為你看資料的時間過長，沒有時間與聽眾視線相交的緣故。

因此，就算你的視線看了資料許多次，但只要能夠馬上再面對聽眾的方向，聽眾就不容易意識到你「一直盯著資料看」的這個事實了。

最擅長這項技巧的就是電視主播。他們在念完稿子後，就能做到「只要稍微瞄一下稿子，就可以馬上看著攝影機鏡頭」。這一點希望你也可以試著做看看。

對少數人說話的眼神技巧

那麼，當聽眾只有少數人的情況下，又應該注意哪些地方呢？在這裡，會出現與面對多數人的情況不同的注意要點。

首先是「不要盯著對方的眼睛過久」這一點。舉例來說，請你想像上班時來到會客室時，與客戶之間隔著一張桌子，距離只有一公尺，甚至可能更近，在這麼近距離

或許聽起來像是在說明面對多數人場合的相反狀況。但如果思考本質的話，可以發現其實道理都相同。

下，更容易給對方緊張壓迫感。

在面對多數人的場合也是如此，如果對特定的人做眼神接觸的時間過長，很可能會帶給聽眾緊張感。但在少數人的場合中，因為眼神接觸引起對方緊張感的容易程度，絕非多數人的場合所可以比擬。

那該怎麼做比較好呢？首先要和在面對多數人的場合時一樣，調整與對方視線交會的時間。如果聽眾較多，那麼就定期地更換視線交會的對象。

或者，如果手邊有資料的話，可以偶爾把視線移向下方，朝向你的資料，把目光暫時從聽眾的身上移開。

另外一點，則是不要將你的視線直接看著對方眼睛，而是望著對方眼睛的周邊。在上禮儀研修班的時候，常用的作法是「看著對方領帶的領結」，或是「請看著對方嘴巴」等，就是這樣的做法。不過有時候還是要好好地看著對方的「眼睛」。

也就是任何事情，只要做過頭就是不好，如何取得平衡是相當重要的事情。除了某些被認為「說話時盯著對方眼睛太久」的特例外，從「增加與對方視線交會的時間」這個方向來努力，基本上是沒錯的。

眼神的接觸，
可以表現出誠摯面對的心態。

一個小表情都會影響印象

「表情」傳達著說話者感情

說話者的一個表情所帶給聽眾的印象，會有很大的差異。

不論是電影或電視演員，或一般的商業會話、平常聊天等，都可以得到印證。

舉例來說，現在電子郵件的溝通方式，常常被提出來討論。由於郵件的特性，在於只能看到信中的文字，但感情不容易被傳達，因此很容易產生誤會。於是，為了解決這個問題，便產生了表情文字。如果你是一位年輕人的話，相信也曾經在手機訊息中傳過（^_^）或是（T_T）等表情符號吧！

這些表情符號傳達出什麼樣的信息呢？其實並不是什麼重要的事情，而是你的感情。因此，將說話者的情感傳達給聽眾是非常重要的事情，而最好的方式，就是「表情」了。

舉例來說，請你看看左邊的兩張圖。雖然兩張圖中所講的句子是一樣的。但帶給你的印象，一定完全不同吧！

微笑是基本的表情

既然表情這麼重要，是不是在說話的過程中，坦率表達出感情就好了？當然不是如此。如果在心情不好的時候，表達出愁眉苦臉的表情，那只會讓人覺得你是個不成熟的人。

表情所傳達的是你的訊息及給人的印象。因此，在絕大多數的場合中，基本上都要保持微笑。畢竟還是笑臉比較能帶給聽眾好印象，像是熱情、穩重或深思熟慮等感覺。

曾經有人這樣問我：「我想要給人一種很酷的印象，那麼我盡量不要笑是不是比較好？」

其實我不太建議這麼做，原因是因為有許多想要給人很酷印象的人，結果都失敗收場。因為「很酷」並不會給人一種冷靜的印象，反而會讓人覺得難以接近、不會看場合、溝通能力不足等負面印象。

回頭看看我身邊這些被說成「這個人很酷」的人，可以發現這個詞很少被用在正

在演說中，一定要有「笑容」嗎？答案是絕對必要的。

無論如何，演說一定要簡單易懂，必須直接了當，拐彎抹角、兜圈子的表達方式絕對不可取。反之，就會覺得相當吃力。

這個時候能夠扮演緩和角色的，就是笑容了。越是認真、熱情的演說，就越需要展現笑容。

面的意思上。我想，這只是婉轉的表達冷淡、不夠親切等缺點而已。

適時展現多種表情變化

那麼，這些「很酷」的人，是敗在什麼地方呢？

在許多情況中，並不是因為他們無法堆起滿臉笑容，而是還有其他因素。那就是他們的表情變化，幾乎沒有變化，宛如戴著「能面」（演日本能劇時戴的面具）似的，表情完全不動，完全看不出感情的起伏。

其實，表情的多種變化是影響印象非常重要的因素之一。舉例來說，雖然基本的表情是要保持笑容，但如果一直把笑容貼在自己臉上，反而讓人覺得可疑，不由得對你產生負面的印象。

因此，請以笑容為基礎，變化其他的表情。在需要展現威嚴的時候，就算皺起眉頭也沒關係。在希望表現自己很困擾的場面，也可以交雜流露一些軟弱的表情。藉此將你所要表達的訊息，更容易地傳達出去。相信你給別人的印象，也能夠變得更好。

用笑話帶動笑容更自然

雖然如此，但要控制自己的表情，並不是那麼簡單的一件事情。關於如何展現自然的笑容，甚至也有這方面的專家，是門非常深奧的學問。

那麼要怎麼做，才能表現出自然的笑容呢？這屬於比較高階的課程。在談話中加入簡單的笑話，是最好的方式。

通常在講笑話的時候，臉部的肌肉會自然地放鬆，比起你為了保持笑容，而強迫自己嘴角上揚，顯然是簡單自然多了。

但有一點希望你不要誤解，說笑話的目的並不是為了要逗聽眾笑，自始至終，都只是為了要讓你自己的表情放鬆而已。

在許多的場合中，「說笑話」就像雙面刃，說了一個失敗的笑話，想要挽回可是

為了能夠表現出美好的笑容，需要某種程度的訓練。如果可以的話，買個鏡子，偶爾練習微笑吧！我身上一定隨身帶著鏡子，在重要的演說或研討會開始前，悄悄地用這個鏡子檢查自己的表情或髮型等。這樣一點一滴累積下來，你就越來越能夠展現出你的笑容。

十分困難，如果讓現場氣氛瞬間冷下來的話，就徹底完了。

因此，只要選擇能夠引起聽眾輕輕一笑的笑話，大致上就可以了。尤其初學者，更要對此特別注意。

此外，表情維持得好不好，自己並不容易知道，建議你可以藉由觀察他人反應來做補強。

練習讓自己能夠展現自然的笑容吧！

聲音要有精神又生動

展現「力量」的聲音

聲音大小，也是表現術的一個重要因素。

雖然不是說只要聲音大就好，但在大部分場合中，聲音大比聲音小更能夠給人好印象。所謂的演說，就是在所有的場合中，將自己的訊息以有說服力的方式說出來。因此，表現出「力量」的因素就變得十分重要而不可或缺。

如果看到對方低聲嘀咕說話的樣子後，還能增加對他的信賴感，這應該是不可能吧！雖然如此，也不是只要鬼吼就可以，這樣會帶給人家粗暴、馬虎的印象。

使用你天生的嗓音加上自然說話時的聲音，並有一定程度以上的音量，所形成的

我的聲音很大，幾乎沒有看過可以用比我還要大的聲音演說的人。但如果你認為，「我的聲音天生就很小，所以改不了。」那麼，我想要分享一個自身的故事。

大學時，我參加了划船社。在划船社這種運動社團中，大多都有一種叫做「Yell」，也就是透過發出響亮聲音來為隊員加油的儀式。我那時候覺得能當這種加油團的隊長非常帥，所以一直想嘗試，卻因為「我的聲音太小」這個理

響亮聲音就成了最理想的狀態。

或許你會這樣覺得：「話雖如此，但我本來聲音就很小，所以真的沒有辦法。」的確如此，並不是我們想要讓自己的音量變大，就能馬上做到，這還需要藉助長期的發聲訓練。

增大音量的練習

不過，也不是完全沒有速成的訣竅，如果能抓到「腹式呼吸」以及「張口方式」這兩項訣竅，就能在短時間內學會讓音量加大。

腹式呼吸的訣竅，在於如何將注意力放在丹田上。所謂的丹田，是指肚臍下方五公分左右的位置，據說人體的重心是在這個位置，因此在吸氣時，想著將空氣吸進這個部位。只要學會腹式呼吸，聲音自然就能變得響亮，也能自動保持一定的音量。

而負責將腹式呼吸所製造出來的聲音傳達到外部，就是另一項張口方式的技巧，

由，而未能如願。我是離開社團後，才開始對演說及演講產生興趣，並且開始強烈意識到說話時必須要把自己聲音大聲說出來的重要性，才不知不覺進步到這個階段，這證明了，聲音受到後天因素的影響仍然很大。

基本上這裡就是指張大嘴說話。

許多說話小聲、含混不清的人，都是因為聲音被阻擋在嘴巴這個地方，櫻桃小嘴是沒辦法發出大聲音的。這個技巧雖然看起來很簡單，但還是有很多人沒辦法注意到這一點，特別是說話速度快的人，這樣的傾向更是明顯。

簡單的訣竅介紹完了，不過注意要發出具有力道且生動的聲音，這點依舊還是要擺在優先順位。如果你之前一直沒有意識到這個部分的話，這將可能帶給你一．五倍至兩倍的效果。

所謂的「腹式呼吸」，就像字面上的意思，是指不使用「胸部」，而是使用「腹部」來呼吸的方式。

當你意識到大的聲音比較容易給人好印象後，就謹記這一點來發出你的聲音吧！

說話速度會影響理解力

說話速度越快就越難理解？

說話速度應該快一點，還是慢慢說比較好？這也是左右你給人印象的一個重要因素。首先，我要解釋一件常容易被誤解的事。

大多數的人會理所當然地認為，相較於緩慢的說話速度，較快的說話速度會讓聽眾的理解力下降。其實，這不能一概而論。

在日本夜間的新聞節目中，擔任主要播報員的古館伊知郎與筑紫哲也，這兩位的說話速度正好相反。但是，說話速度較緩慢的筑紫先生，他的說話方式並沒有比快嘴古館先生來得容易理解吧！

說話速度變快，的確會讓時間間隔變得不明顯，也會讓發音變得不清楚。但是只要能夠克服這些問題，就算是較快的說話速度，也不一定會讓人覺得不容易了解。

一概地認為「說得太快是不好的」，是不正確的觀念。

不同說話速度各有優缺點

從理解程度的觀點來看，用較快的速度說話，本身並不會有什麼缺點，但如果是從給聽眾印象的觀點來看，又是如何呢？

雖然會有程度上的不同，但兩者都各有優缺點。

說話速度較快的人，優點在於可以給人節奏明快以及精練的印象；缺點則在於有時會給人不穩重或神經質的感覺。

說話速度較慢的人，優點在於給人有穩重或深思熟慮的感覺；缺點則是可能會讓人覺得有笨拙或遲鈍的感覺。

所謂「普通的說話速度」究竟有多快呢？以日本人來說，每分鐘說三百五十個字算是平均的速度。一般所謂的說話速度快，每分鐘則在四百字到四百五十字左右。而緩慢的語調，則不到三百個字。

好印象以及不好的印象如何被表現出來，還要視其他的表達要素如何配合而定，比如說：沒有笑容的表情，加上較快的說話速度，這樣帶給人神經質印象的可能性就會提高。

如前所述，表現術是需要所有要素的平衡。

了解說話速度所帶給人的印象，並純熟地使用。

巧妙運用「時間間隔」

● 在句子之間加入「沉默」

有句話叫做：「沉默是金」，這句諺語的意思是：「與其說一些無用的話，還不如沉默不說話來得好，這樣反而比較能夠得到信賴。」

我在這裡要介紹的內容雖然稍微有點不同，但如果用一句話來整理的話，同樣也就是「沉默是金」。我所要推薦的方式，並不是要你常常保持沉默，而是要你在所說的句子與句子之間，摻入些許的沉默（或一般人常說的「留白」），這就是所謂的「時間間隔」了。

時間間隔的運用，除了能改變你帶給別人的印象之外，還能讓你的說話內容更容

在你習慣前，製造時間間隔可能需要一些勇氣，但只要養成習

易被聽眾所了解，效果更是理想。

這是為什麼呢？因為藉由製造時間間隔，聽眾能夠仔細玩味演說者的說話內容。利用這些許的時間，聽眾才能理解演說者的說話內容。

請試著想像一下，有一位走路速度較快的A先生，和一位走路速度較慢的B先生走在一起。B先生竭盡全力想要跟上A先生，而A先生如果不回頭等B先生，那麼B先生就必須不斷氣喘吁吁地前進。

如果A先生覺得和B先生相距有點遠，他所應該採取的行動，就是停下來等B先生，直到B先生追上為止。A先生與B先生此時的微妙關係，正好就適用於演說者與聽眾的關係。

由於說話方是將自己腦袋裡的東西，以言語的方式表露出來，因此可以接連不斷地把話一直說下去。但相對來說，聽眾在聽到演說者的內容後，必須要把內容咀嚼後才能理解，聽眾必須經歷的過程比較多。

慣，就能變成讓你意想不到的便利武器。在你尋找適當的詞句或說法時可以適時使用，當你忘了想要說什麼的時候，也能輕易地掩飾過去。

如果你能純熟地運用，就可以利用時間間隔，引起聽眾更多的興趣，這是件相當過癮的事情。

因此聽眾往往會有跟不上演說者說話內容的情況。所以演說者必須要等一下聽眾，直到聽眾跟上為止，但也不需要十秒或二十秒那麼久，聽眾腦中的超級電腦運算出答案所需的時間，只要一、兩秒左右就足夠了。

●運用三種「時間區隔」

我在研修的期間，會建議學員可以「運用三種時間間隔」。所謂的三種時間間隔，分做「第一時間間隔」、「第二時間間隔」以及「第三時間間隔」。你可以把前兩種視為沉默的秒數。下面我們開始分別做介紹。

●第一時間間隔

「第一時間間隔」是指在文句與文句中加入時間間隔。以時間上來說，大約在一秒到兩秒左右。

如前文所述，加入這個時間間隔的目的，是為了等聽眾跟上對於內容的理解，特別是在關鍵字的前面或後面，如果加入一個「第一時間間隔」的話，會讓關鍵字更加受到注意的效果。

此外，藉由加入時間間隔，演說者也能夠帶給聽眾穩重而沉著的印象。

大多數人加入「第一時間間隔」的時間過短，往往會迫不及待要把後面的句子說出來。順帶一提，一到兩秒的時間，其實長得讓你出乎意料，只要實際測量看看就知道了。

因此，除了某些例外的情況，只要你注意將時間間隔拉長的話，就能很容易獲得改善。

●第二時間間隔

「第二時間間隔」是指在段落與段落中加入時間間隔。適當的長度大概在兩秒到三秒左右。

「第二時間間隔」所扮演的角色，是讓聽眾在心理上有所準備：「從這裡要開始進入下一段內容。」

比如說像以下這樣的感覺：

「重點有三個。……以上是第一個重點。（在這裡加入「第二時間間隔」）接下來進入第二個重點。……以上是第二個重點。（在這裡加入「第二時間間隔」）最後是第三個重點。……以上是第三個重點。」

總之，這就像是為了幫助聽眾在腦中組織結構而加入的時間間隔。兩、三秒的時間很長，因此很容易會讓人覺得對於這樣的沉默越來越無法忍受，於是演說者會發出「欸」或「啊」的聲音。

但是如果不斷地發出來像這種「欸」或「啊」的聲音，會變得相當刺耳。因此還是必須想辦法將「欸」或「啊」這樣的聲音轉變為沉默才可以。

我能夠理解你會無意中想要發出聲音，但在這個時候，還是請你好好忍耐，把它轉變為時間間隔吧！

第三時間間隔

「第三時間間隔」是指加入三秒以上的時間間隔。使用的時機大多是在當演說者向聽眾拋出問題後，就可以加入第三時間間隔，這樣的目的是為了要讓聽眾思考，例如：「各位，你們覺得○○是什麼呢？請試著想想看。」

像上述這樣在詢問聽眾後，加入三到五秒左右的時間間隔，這樣一來，就算沒有特別指名，聽眾也會自己開始思考答案。如果沒有在這裡加入時間間隔，聽眾就會很容易忽視這個問題，也就無法達到讓聽眾融入演說中的效果，這樣非常可惜。

許多人在演說時，會讓人感覺像是在朗誦一樣。朗誦是指優美而有韻味的朗讀；而演說則是以容易理解為主，並以具說服力的方式做敘述，兩者目的不同，因此「時間間隔」當然也有配合做改變的需要。對於從來沒有學過加入演說時間間隔的人來說，或許會感到有點不容易熟悉，但還是希望你能慢慢習慣。

不管是加入「第一時間間隔」、「第二時間間隔」還是「第三時間間隔」，某種程度來說，都是為了藉由這些時間間隔讓演說變得更容易理解，而且更加值得玩味。

在文章中我們常看到「體會作者字裡行間的涵義」這樣的表現方式。在演說上來說，時間間隔就是類似這樣的技術。換句話說，「時間間隔也是一種述說」。

運用「時間間隔」。
沉默就成為與說話一樣的雄辯。

以音調及聲調來增加起伏

一點變化就可以強調出重點

每一首歌曲都有副歌，也有連結到副歌的前奏，一首歌就是在加入這些變化所構成的整體。

在演說中，「音調」（Tone）和「聲調」（Pitch）便與歌曲的變化相似。舉凡聲音大小的強弱、說話速度的變化、發出較高的聲音或是以較低的聲音細語，將這種具有意圖性的說話方式加以變化，配合演說的內容來做組合，就類似所謂的「起伏」。

使用音調與聲調的目的，大致上可分為兩種：

第一、為了讓演說更富有變化，讓聽眾不會厭煩。

如果你希望特別強調某個重點，請試著以下列的方式說話，效果將會非常理想：

❶ 較大的聲音。
❷ 緩慢的速度。
❸ 稍微提高的音調。

第二、讓演說中的重要部分更加明顯。

●不斷重複表示很重要

我要特別詳細地談談第二點「讓演說中的重要部分更加明顯」。

在影集《神探可倫坡》中，可倫坡刑警在與殺人犯相互攻防、推理之後，最後逮捕犯人。過程中，可倫坡刑警巧妙地運用了音調與聲調。

在不重要的地方，迅速地以輕盈而細小的音量說話；在重要的地方，則以緩慢而宏亮的音量說話，這時候的音調也要稍微提高，就像是「在最重要的地方……要不斷地重複再重複」這樣的感覺，特別是在最後的「不斷重複」，這是一項非常有效，而且容易使用的工具，希望你一定要熟練地使用。

對於聲音較小的人，我特別推薦「不斷重複」的這項技巧。就算沒有特別扯開嗓子喊叫，只要藉著不斷重複，就能讓聽眾覺得醒目，自然地印入腦袋中。

輕聲說話才是最高招

在這裡，再介紹給你一個小小的技巧吧！

雖然我在前面提過，在重要的地方，要以緩慢而宏亮的音量說話，不過也有在重要的地方，用細小的音量呢喃這種高級的技巧。

重點在於用和平常不同的說話方式來做變化，像這樣完全相反的變化，也可以表現出重要性。但是，這種時候的說話方式同樣需要慢慢來，而且時間間隔以及眼神接觸的技巧，也是不可或缺的。如果細小的音量消失在周遭噪音之中的話，同樣也就沒有意義了。

可倫坡刑警便非常擅長這種方式，所以請你一定要去找出影片來好好地學習。

如果要將表現方式做一下總結，我們可以說：「一邊注意自己的表現方式，一邊進行演說是件很困難的事情。」在進行演說時，你終究只會注意到演說內容以及架構，不容易意識到自己的表現方式。因此，必須平常就要注意並訓練自己的表現方式，直到自己就算不去特別注意，也能自然地表現出來為止，一切都需要做到連日常生活中也很習慣的程度。

第五天

實踐篇

一起來學習訓練的方式吧！

有效率地累積經驗

正確練習才能累積經驗

終於來到最後一天，也就是第五天的課程。到目前為止，從第一天到第四天，我所介紹的都是表達技巧中How To的部分，有馬上就能夠使用的技巧，也有需要達到一定熟練程度，才能施展的技巧。

如同我在第一天所說的，提升表達技巧所需要的三個重點，分別是「基礎的學習」、「累積經驗」、「檢討反省」這三項，尤其是其中的「基礎的學習」，我們特別在第二天到第四天中傳授。

參照第35頁。

從現在開始，有了之前所學習到的東西當基礎後，累積經驗以及檢討反省的必要性，也就自然而然出現了。

在累積經驗的階段上，人們往往會被分為「能夠成長」以及「不能夠成長」這兩類，這起因於累積經驗的方式錯誤所致。

因此，在第五天的課程中，關於累積經驗的方法，我們要介紹幾個訣竅給你。

以正確的練習方式培養實力。

錄影和錄音的檢視效果最好

把自己的演說錄影或錄音下來

實際累積經驗的方法之中，我首先要推薦的，就是利用錄影或錄音重複播放的功能來加強技巧的方式。

與其說這是一種累積經驗的方式，倒不如說是一種複習。重點就是試著將自己演說的情況，利用錄影或錄音等方式，自己再來做確認，這種方式的效果是無以估計的。

我想你應該有過這樣的經驗，在偶然的機會中聽到自己說話時的錄音後，非常地驚訝：「原來我的聲音是這樣啊？」一直到這個時候才發現，竟然連陪伴自己許多年的說話聲音，都沒有好好了解。同樣的，我們也沒有辦法直接用自己的雙眼，觀察自己

或許有人會認為，「等我的演說技術好一點再開始錄影吧！」但這其實是錯誤的觀念！即使現在的演說技術不好，還是請你馬上開始進行，之後再定期的錄影，等到到達某個程度之後，再重新檢視這些影片。當你親眼看到自己的成長時，相信一定會非常地驚訝。獲得具體成長的實際感受，能夠轉化為你的自信，加快學習技巧的速度。

平常是用什麼樣的表情在說話。

總而言之，我們很少有機會能以客觀的角度來觀察關於自己的事物。因此，需要特意製造這樣的機會。

這個時候，與其說是最有效的方式，倒不如說唯一的實踐方式，那就是藉助影片和錄音的重播功能了。而作法有很多，從麻煩的到簡單的，各式各樣都有，如果方便的話，先設定好你的錄影機或手機，為了錄下你的影像，你可以進行一次演說的排演，之後希望你可以自己觀看錄下來的影像，或是請別人在看完後給你建議。

不過如果你沒有辦法花這麼多工夫的話，可以採取更簡單的方式。比如說，在公司或在開會磋商的時候，直接用手機或者錄音筆，將磋商的內容從頭到尾錄下來，會議結束後再重新聽一遍即可。

當然，能夠錄下影像的影片，以及只能夠錄下聲音的錄音檔，兩者之間所能夠獲得的情報量，有著極大差距。但這些如果和「因為要下很多的工夫」而拖拖拉拉、什麼都不做來比較的話，那差距就更是天差地別。

所以請下定決心，從「重播影片或錄音」這個地方開始做起吧！

客觀檢討自己的表現

下定決心後，接下來，我們就特別需要注意的地方來加以解說。有幾個關於重播的訣竅，我們將在下列一一介紹。

首先，是盡可能的進行檢查。在我自己的研修課程中，也常常會做影片的重播訓練，但就算是擁有冷靜分析眼光的人，在重新檢視自己的演說時，也會失去他的分析能力。

當你觀看他人的演說，並且分析心得時，你往往可以適當地回答出優點以及需要改善的地方。但是當看了自己的影片，要分析心得的時候，你會發現：「唉呀！我找不到優點。」但這是不應該發生的。

檢視自己的演說時，往往很難站在客觀的立場來觀看。說實話，其實我也是這個樣子，就算是到了現在，觀看我自己的演說影片，還是一件很不舒服的事情，因為我會覺得：「哇！我變老了。」或者是「我的聲音怎麼是這個樣子……」

站在主觀的角度來看，往往可以看到自己不喜歡的地方，但是像這樣的震撼療法有其必要性。如果可以因此振作，並引發向上改進的決心的話，這就不會是一件沒有意義的事情。

不過如果你以為這樣就結束的話，可是大錯特錯，用更客觀的角度來看，是有其必要性的。具體而詳細地把優點以及需要改善的地方分開，就像是在觀看別人的演說似的，用冷靜的眼光來做觀察。

關於應該要觀察的點，會在下一個項目做說明。

●根據檢查表——核對

重播並不適合用於內容或結構的確認，畢竟內容與結構，就算不使用這些影片和

影片的重播，對於要培養觀察演說的眼光而言，是最適合的材料，因為人對於自己是最有興趣的，所以一定會確實努力地做觀察。

如果能盡可能以「客觀的觀點」來分析的話，你應該可以藉由這樣的訓練，吸收到相當多的東西。

錄音檔，還是可以充分地以客觀角度來觀察。

請留意平常不容易客觀觀察到的表達技巧，並試著將角度轉換成從他人的角度來觀察，將會看到什麼？

我們應該要做確認的地方，大致如同我們在第四天所介紹的課程內容一樣，但為了方便做複習，我們再一次把它條列如下：

● **姿勢**

①背部是否有伸直？

②下巴是否有收進去？

③胸膛是否有挺直？

④身體是否左右不停地晃動？

● **表情**

①作為基礎表情的笑容是否準備好了？

希望你可以使用檢查表，一邊看著或回想著他人的演說，一邊做分析，藉著這項練習，你一定可以更輕易地學會別人的演說技術和技巧吧！

②表情的變化是否充分？

③談話的內容以及表情是否互相配合？

●身體語言

①前後的身體動作是否有做出來？

②左右的身體動作是否有做出來？

③手部動作是否有慢慢地做擺動？會不會太快？

④手部動作會不會變得太單調？

⑤手肘和手指是否有充分地伸直？

●眼神接觸

①是否只是一直盯著資料在看？是否一直看著下方在說話？

②與每個人眼神接觸的時間是否充分？

③是否一直看著同一個人在說話？

④眼神接觸的範圍是否寬廣並遍及全體？

● **說話速度、聲音大小**

①聲音是否過小？

②說話速度及聲音大小，是否符合你所希望帶給別人的印象？

③說話的流暢度有沒有問題？

● **時間間隔**

①第一時間間隔是否適當地加入，幫助聽眾的理解？

②第二時間間隔是否適當地加入，表現出句子的段落？

③第三時間間隔是否適當地加入，讓聽眾能夠做思考？

④間隔的時間是否適當？是否符合你所希望帶給別人的印象？

● **音調與聲調**

①在重要的地方，是否宏亮而緩慢地做敘述？

②在最重要的地方，是否有不斷地重複？

如同我們所列舉的這些內容，就算只有特別注重在表達這方面，也有許多應該要做確認的地方。

好不容易才拍攝下來的影片和錄音檔，與現場實況的不同之處，在於有著能夠重複觀看數次的優點，因此要請你不斷地重複觀看，細微地做確認。

錄影片時要拍攝特寫

接下來，我們就較為細部的注意事項來加以說明。

在拍攝影片的時候，請以特寫的方式拍攝，以便能夠看到較細微的部位。如果拍攝全身，不管怎麼樣都只能拍到較小的拍攝主體，也沒有辦法確認臉部表情。

大致上來說，如果能夠拍攝膝蓋以上的部位，就能夠對姿勢等進行充分的確認。

我想過去也有人會認為，「我想要錄影下來，但因為沒有機器，所以沒有辦法拍攝。」

錄影帶的重播，如果能和其他人一起觀看也是一個不錯的方式。理由如下：

❶會有「想要去看」的動機。

❷可以得到客觀的意見參考。

希望你可以邀請家人或身邊的朋友一起觀看。

當然，你可以買一台專業錄影機，其實現在人手一支的行動電話加上腳架使用，就很方便。

特別是在演說的時候，自己究竟表現出什麼樣的表情，這一點我想對於大多數的人來說，都是一個衝擊性的事實。在研修的課程中，許多學員最容易感到喪氣的，還是希望你能進行影片重播的訓練。

為了能夠進行客觀的複習，
請你也一定要做重播影片及錄音檔的練習。

日常生活都是你的練習場

隨時隨處都能進行練習

像這樣經由重播影片所做的練習非常有用，不過你恐怕不是一年到頭都有時間這樣做，而且如果只有做這一項訓練，就算練習的質很好，但就練習的量來說，總還是不夠。

那麼，我們要在什麼樣的地方做練習才最合適？答案就是：「在你所到之處做練習，都很適合。」

所謂的演說，並不單指在會議室等的大講桌前，一邊使用Power Point，一邊說話這樣而已。

我常被學員問到：「我沒有適合演說的『實際練習場合』，該怎麼辦呢？」在仔細詢問後，我發現其實他們還是有幾個能實際練習的場合，比如說：在會議中發言時、對上司做會報時、對部下做指示時……。這些場合都可以演說，重點只在於你有沒有意識到要以演說的方式來進行而已。

所有與他人溝通時「說話」的場合，都可以是進行演說的場景。以這樣角度來思考的話，所有日常生活中的會話，都可以轉變成練習的場合。

我個人認為，凡是銷售的場合，都是特別重要的演說訓練地點。這並非僅限於商業上的推銷而已，你可以事先準備一些在工作上可能有用的簡單資料，或是有趣的時事，並在事前決定：「我要把這個用這樣的方式介紹給今天的客戶。」

然後試著實際說說看，再回過頭檢討，像是：「今天的內容頗能切中要點，可以靈活使用實例真是太好了。」或者是「今天的說話方式，好像有點不容易理解。如果把結論放前面一點，似乎會比較好。」

雖然還有許多可以用來練習的地方，不過我之所以會認為銷售場合是特別重要的演說訓練地點，主要有幾點理由。

因為我本身就是業務，因此站在業務的立場，不斷地與許多客戶會面，也等於可以面對許多類型的聽眾進行練習，這是最重要的理由。總而言之，就是對自己來說，能擁有非常多的機會來練習。

●把握談話機會當作演說

許多演說者都相當重視，並像這樣在日常生活中時時累積訓練。我的朋友中，有人平常就會隨身攜帶筆記本，每當碰到什麼「以後或許用得到」的事情，就會馬上寫下來，這也是一種相當好的演說訓練。

此外，我的公司在進行團體會議時，也會花時間對於從上次開會到現在，這段期間所遭遇到的「學習」機會來進行演說，而且不僅僅只是發表而已，從頭到尾都要以正式演說的形式來進行。

因此，身為聽眾的其他成員，除了討論發表的內容之外，也能討論關於演說者的說話方式，比如說，「如果你想要傳達這樣的內容，那要這樣做會比較好。」這樣的感覺。

總而言之，就是要保持一種意識，把日常生活中所有的談話機會都當作是演說，把所有談話的場合，都當作是練習的場所。

在互相提供意見的時候，有一點希望大家可以注意。在彼此變比較熟悉後，往往變得會不知不覺遺漏掉「優點」，只會提出「需要改善的地方」，這樣並不好。畢竟人是透過「被稱讚優點，來增加自信；被指出需要改善的地方，來做反省」而成長的生物，不論是自信還是反省，兩者都不能被忽略。

雖然生活周遭放眼所及的行動與言行，並沒有什麼特別的變化，看起來或許與平常說話的時候沒有什麼兩樣，但只要能夠抱持著這樣的意識，就能每天從中學到很多東西。說話時漫無計畫地把字詞堆疊起來，和說話時抱持著學習並熟練至少一項事務的心態，兩者之間的收穫，自然也就有所不同。

首先，你可以試著丟給自己這樣的一個問題，「從今天所進行的演說之中，如果要舉出兩個優點，那會是什麼？如果要舉出兩個需要改善的地方，又會是什麼？」藉著每天不斷重複反省，有助於提升演說的意識。

與人見面說話本身就是一種演說，因此每天都有練習的場所。

找個當學習榜樣的人

你希望成為哪位演說者？

即使每天不斷地累積訓練，但仍然無法達成目標，這是因為你的動機無法持續的緣故。

其實，不僅是動機的問題而已，在看不到最終目標的狀態下所進行的訓練，往往會變得不太有效率。看不清真正該做的事情，而不用做的事情卻花時間去做的可能性非常高。因此，找出一位你想要成為的演說者為目標，便是一件非常重要的事。

虛構的人物雖然也沒有什麼不好，但為了能描繪出更具體的形象，也就是「我想變成像那位演說者一樣」的對象，若是實際存在的人物，或許試著去尋找一位「榜樣

（Role Model）」會更好。

以我來說，我的榜樣有兩位。一位是在二〇〇四年六月五日逝世的美國前總統雷根（Ronald Wilson Reagan）；另一位則是我的好朋友艾伯特（Albert）。

雷根卓越的溝通能力

關於雷根，相信已經不需要對他做冗長的介紹了，原本是演員的他，將演技以及說話技巧轉化為「卓越的溝通能力」，從外交到其他各種領域，他都能發揮極佳的溝通手腕。最能表現出他卓越能力的地方，就是在演說的場合，我們可以說，他的技術在此大放異彩。

那麼他究竟是哪些地方優秀？又為何優秀呢？如果要一一舉出來的話是列舉不完的。我們從中介紹幾個特別優秀的要素：

首先是「笑容」。雷根的笑容，讓人感受到從容、威嚴以及親切，是一種極佳且經過焠鍊的笑容，讓人看著看著就會入迷。

其次，則是「舉止」。他有一種充滿生氣，且非常紳士的身體動作和手部動作。我記得當時自己常想像著：「如果可以跟他一樣的話就好了。」

最後則是「言語」。雷根說話時，用字遣詞非常直接而且易懂。

如同我在第三天的課程中所提到的，容易理解的演說，是一場好演說的絕對條件。據說，雷根演說前，一定會事先看過講稿後，盡可能以容易理解、平易的語詞來演說，這相當符合雷根演說時，站在聽眾立場的形象。

這樣的雷根，被人們評價為「偉大的溝通者」。「與雷根政府的支持率相較，對雷根總統個人的支持率更是格外高。」如同上述這件事實所傳達的，雷根是一位藉著「個人魅力」而受到人們喜愛及尊敬的總統。我認為，這些是他透過在人前演講的技術所帶來的。

雷根不僅擅長溝通，也很幽默。當他遭到行兇者的槍擊，準備進行手術前，據說還對外科醫師說笑話，逗周圍的人發笑。因為他傑出的溝通天分，所以在這種緊張的情況下，還是能說出這樣充滿機智的對話。因此，要向他學習，找一些好的時間點，把幽默加到我們的演說中。

以個性魅力吸引人的艾伯特

我的另一位榜樣是荷蘭人艾伯特，他是我在瑞士留學時最好的朋友。當時我們都是學生，年紀也在二十歲左右。雖然年齡相當，但他在演說的過程中，往往表現得非常沉穩，是一位有著堂堂風範，卻又相當親切的優秀演說者。

艾伯特和雷根一樣，不管在任何演說場合都能展現絕佳的笑容，還有非常出色的幽默感，一直都是相當受歡迎的人。雖然我們兩個人年紀差不多，卻表現出這麼大的差距，說實話，我有一點嫉妒他。「以個性的魅力吸引他人」，在日常生活中，近距離與這樣的人接觸，可以帶給我們很大的激勵。

與自己假想的榜樣排練

我再次回想後，發現雷根和艾伯特有不少的共通點。

我是一個非常喜歡採訪的人，到目前為止，我曾與許多人見面並訪談，不論是善於演說的人、自學學會英文的人、超市的業務、成功的創業者等。（採訪後）可以試著去做那些你從中所學習到的東西，再重新做一次自己的詮釋與取捨選擇，這些對我來說，至今都相當有幫助。最重要的地方在於，在做之前不要做任何判斷，總之先試著去做做看你所學習到的東西。

雖然現在幾乎沒辦法與他們見面了，但他們說話的情景，至今還是清楚地印在我的腦海中。在發表重要的演說前，我一定會在自己家中進行排練，過程中，我都會想起當時的他們，並且把自己當成是他們兩位來進行排練。我也真的體認到，像這樣利用榜樣來進行排練的方式，效果相當好。

順帶一提，在尋找榜樣的時候，或許你可以像我一樣，分別設定「高遠的目標」以及「在自己身邊，看似容易達成，卻又不太容易達成的目標」。過於遙遠的目標，很難帶給人正要迎頭趕上的真實感，反而會讓人在中途就感到精疲力盡。

但如果是自己身邊的目標，卻也可能產生「馬上就能夠超越他」的大意心態，以及拘泥於一些不重要的地方，也就是導致「見樹不見林」的情況。此外，還有另一個優點，就是以身邊的目標為學習對象，比較容易有碰面的機會，並可以當面詳細地聽他說話。

我相當感謝身邊有許多人會這樣對我說：「我希望可以先以西野為目標。」對於演說時應該注意的地方，這些人也常常會直接詢問我，希望我能給予他們意見。

在這個時候，我也會像在這本書上所寫的一樣，根據對方的狀況給予建議。如果把尋找榜樣這件事當作是在設定自己目標的話，那麼向自己的榜樣請教，就等於是了解前往成功的捷徑了。因此，可以直接向我尋求建議的人，成長也會比較快。

尋找身邊的目標以及高遠的目標，並以這兩個目標為楷模，是進步的捷徑。

培養自信的方式

有自信才能做出好的演說

在訓練過程中，我希望你學到的不僅是技巧而已，也希望能為你對自己的演說擁有很大的自信。會這麼說並不只是單單為了獲得精神層面的好處，而是因為擁有自信進行演說的人，明顯比沒有自信的人成果要來得好。

從這方面的意義上來說，在尋找訓練場所時，就需要稍微思考一下，要盡量避免有哪些會讓自己喪失自信的狀況。

曾因負面意見陷入低潮

講個我自己的故事，我在二十六歲的時候，人生正陷入低潮。當時我在一家叫做RECRUIT的公司擔任業務。從當初我還在瑞士留學受的衝擊到現在，就算已經過了那麼多年，我還是每天進行演說的訓練，我想我在公司裡面，已經是被認可為「是個很會說話的人」。

但這麼過於自信，或許是不行的。因為我變成周遭的人，特別是前輩們攻擊的目標。只要我稍微說錯話，一定就會有人吐槽我：「這樣不行啊！」、「這麼做還是差了一點啊！」我想他們完全沒有惡意，只是想逗逗我這個自大又有點輕佻的小伙子而已。當時的我，在業務的身分上已擁有極好成績，因此才會格外不客氣地吐槽我吧！

或許你會覺得，怎麼可能會有這種事？但我真的遇上了。

在遭受到這麼多「負面的反應」後，不論是誰都會感到沮喪，當然我也是。無論如何都會因為太過在意這些負面反應而喪失自信，最後讓自己完全陷入低潮之中。每

RECRUIT是一家相當獨特的公司。當我還是一位剛進公司的新人時，上司就馬上告訴我：「西野，我對你有兩個要求：第一是要拿出你的成果；另一個則是要能夠將你的成果展現在大家的面前。」我對於這番話感到相當驚訝，不過我想實際上公司裡面一定還有許多擅長演說的人。因此，我的目標就是成為這些人之中最棒的演說者。這個經驗肯定是造就現今的我，一個很重要部分。

次站在眾人面前，就會不自覺地想起這些指責，而被「這一次大概也沒能好好地說出來吧！」這樣消極的觀念給束縛，變得完全無法發揮原本的實力。

當時，我覺得再這樣下去就完蛋了，所以尋找「在眾人面前鎮定說話」這類主題的書籍，也到學習說話技巧的學校上課。雖然做了許多努力，卻還是無法解決這樣的狀況，感覺就像是走進一個看不見出口的迷宮。

直到有一次，我在書中看到一句充滿命運性的話，才把我從人生的大低潮中救出來：「別人並不如你所想的，那麼在意你的事情。」我的心情就像是有東西敲了我的腦袋，一記當頭棒喝。

是的，事實的確如此，因為這只是你「自我意識過剩狀態」而已。因為這一句話的幫助，讓我之後能夠很輕鬆的說話，從壓力中解放出來。

我抱持著這樣的想法重新生活，總算從喪失自信的狀態中跳脫出來。

再來就是如何找回從前的自信，以及如何培養自信。

最後，就像之前所介紹的，好好選擇不會讓自己陷入喪失自信狀態的「場所」了。

具體來說的話，就是去尋找並加入一個以互相稱讚為方式，讓我們培養自信的演講社團，然後每天努力鍛鍊。

當時這樣的選擇是正確答案，而且比我想像的還有效。藉由來自他人的稱讚，從情緒上來培養自信。

再加上在演說技巧上，也能夠實際地感受到「這部分已經變得這麼好了！」，讓你能擁有實在的自信。這是一個很寶貴的經驗，讓我深切地感受到，原來選擇「場所」是這麼重要的一件事。

六成的讚美，四成的批評

對我來說，我所注意的是，避免選擇到那些得不到良好反應的場所，但許多人並不會這麼做。過於想要從負面的反應中學習到東西，自己反而會身陷於負面反應中。

當然，一句嚴厲的批評可以是相當可貴的，但從結果上來說，它會帶走你的自信，讓你一無所有。

以比例上來說的話，正面的回應占六〇%、負面的回應占四〇%，這樣的比例比較適合，稍微再偏重正面回應一些也可以。

在研修課程中，我也採用這樣的比率，並且發揮非常好的效果。在學員之中，平均每幾個人就有一位，只要花一天的時間，就能像是換了一個人似的，有了飛躍性的進步。

他們真的在一天之內提升了自己的技巧與水準嗎？當然有人真的是這樣沒有錯，但更重要的是，藉由培養自信，能把之前沒有表現出來的能力，一鼓作氣地讓它開花結果，之前雖然感覺有些放不開，但現在卻能大方地發表演說。

想到這裡就會覺得很可惜。因為這也代表著他們所擁有的能力，之前並沒有辦法發揮出來。還有，這樣或許話題會扯得更遠了，不過我認為，日本教育所欠缺的正是這個地方，也就是缺乏讚美的文化。

我至今看過許多例子，之前很少被讚美的人，因為受到讚美而擁有自信，因此先前無法發揮的實力，才能瞬間開花結果。這種時候我都會覺得：「他們之前沒有處在一個能受到讚美的環境，真是很不幸啊！」

常常會有人反駁我：「人有受到讚美而成長的類型，也有受到斥責才發憤向上，進而成長的類型。所以我們不能一概地推崇讚美的文化不是嗎？」在我認為，其實絕對沒有這樣的事情。

就算給予讚美也無法進步的時候，問題大多出在給予讚美的一方。就像被讚美的一方會感到不習慣，給予讚美的一方同樣也會覺得不習慣，而且不知道如何給予讚美的方式。

關於正確的讚美方式，由於偏離了主題，所以我們在此割愛，總之，我們希望能讓您了解，處於一個能夠受到讚美的場合這件事情的重要性。隨著心境好轉，自己的實力也能發揮出來，這真是再好不過了。

讓自己處於一個能夠受到讚美的環境，在培養自信時，也能夠培養實力。

坦然面對競爭與評價

多找機會了解自己的程度

前面的章節中，我們已經介紹過能接觸到那些能夠得到讚美的場合的重要性。但只要這樣就足夠了嗎？我想只有受到讚美依然是不夠的。

如我先前所述：「正面回應占六〇％、負面回應占四〇％，以這樣的比例接受他人的評價是比較合適的。」因此正負兩方的評價都需要。

剛剛提到，在多數的場合中都會偏向負面回應，因此也需要增加正面反應，但如果完全避免負面評價的話，反而會錯過讓自己成長的機會。

因此我所要推薦的，就是讓自己多參加一些正式的演說場合，比如說營業場所或

為了能夠經常得到他人的反應，最簡單的方式就是「找朋友」了。如果你有試著去找的話，可以發現有許多鑽研報告或演說的組織或團體。這些地方由於都是一些擁有相同志向的人，因此最能夠以沒有壓力，並且有效的方式，透過彼此的反應來成長。在你缺乏動力的時候，他們也能夠與你商量，因此在許多的層面上都是非常有效的。

者是演說比賽等，都是不錯的。這些場合中，自己報告或演說的表現如何，會直接從結果中表現出來。你的報告或發表、演講的好壞，會由商品是否暢銷來決定，或者是由比賽是否得獎，甚至能否獲得冠軍來決定，再也沒有比這些更簡單明瞭的反應了。一開始的時候往往無法得到自己希望的結果。

你或許會覺得相當懊悔，因此結果常常會變成負面的回應，不過我認為這部分也是「必要的四〇％」。像是「你的報告是〇〇的」之類的評語，藉由這樣的評語所得到的反應當然也是有效，但前述這些直接呈現結果的反應會更加具有效果。

為了讓演說能更加進步所做的練習，以及為了能夠得到結果所做的演說，加諸於兩者之上的壓力及緊迫感，分量是不同的，而這些壓力及緊迫感，將能引導你成長。

營業現場，是最好的「報告道場」。

技巧都教了，那你準備好了嗎？

做不做，才是最後關鍵

我想讀到這邊，您應該已經了解，「就算我拚命學習演說技巧，也沒有能夠實踐的地方。」這種事情是不可能發生的。

現在，不論在容易得到正面、負面回應的場合，你都可以做訓練。即使是不會有任何回應的時候，你也可以自問，「我剛剛的演說表現得如何？」這樣就可以了。如果連可以尋求回應的對象都沒有的話，你也可以自己做評分與複習。

總而言之，實踐的地方、複習的地方都已經準備好在你面前，而你手上的這本

在提升演說的技巧後，你會變得越來越貪心，並且去設定挑戰更高的目標。所以說，成為一位超級演說者的道路相當辛苦，就算是棒球界的鈴木一朗，即使已經成為一流選手，還是非常的辛苦。演說也是一樣，最重要的就

是看你是否能夠樂觀
面對這樣的挑戰。

書，則是你學習基礎的地方。

我一開始所提出來，提升說話能力的三項必要重點：「基礎的學習」、「累積經驗」、「檢討反省」，已經全部掌握在你的手裡，就看你要不要去做了。

希望你能夠回答我：「是的，我會做！」讓我可以為這為期五天的課程畫下一個句點。

只要你能夠踏出第一步就好，
從明天開始，不對，就從今天開始吧！

後記

讀完這本書後，我想你已經了解基本的說話技巧了。在我寫這本書的時候，想起某件讓我深刻體會到這項技巧的插曲，也是一個相當接近這個主題本質的故事。

故事發生在我二十八歲時，當時我一位最好的朋友，因為一場交通意外過世，當時我受到的打擊，至今還是清晰地印在腦海中，我想一輩子都沒有辦法忘記吧！

這位好友的喪禮辦得十分莊嚴，但我總覺得好像哪裡還是不太足夠。因為好友生前非常喜歡熱鬧和快樂的事情，因此我希望能以「更加熱鬧且快樂的方式送他最後一程。」因為是我提議的，因此就理所當然的負責企畫這個「追悼大會」。

在這個派對中，我送給他最後一次的致詞，不對，是最後一次的演說。我想，那是我人生中最好的一次演說。我以友人為題材，做出一次讓許多人開懷大笑，最後還賺人熱淚的演說。

聽眾大約有七十至八十人，當中包括他的遺孀以及親人。因此說話的內容及用詞，都需要細心注意，只要有一句話的表達出錯，或許就會帶給他的遺孀和親人意想不到的嚴重傷害。另一方面，為了死去的友人，我也一定要做出一場快樂的演說才行。

當時我將劇本不斷地推敲再推敲，再徹底地排練，說實話，我認為自己做得非常完美，結果也進行得很順利。其實，結果比我預期還要好！從此以後，我對演說就「頓悟」了。這麼說或許有點誇張，但我覺得至少已經比較能夠理解了。

至於我「頓悟」了什麼呢？那就是一場好的演說，「心」與「技巧」兩方面都是必要的。偶爾會有人認為：「演說這種事情，只要用心，就一定可以傳達給對方。」其實在朋友過世前，我也認為「或許真的是這樣。」但是經過那次的經驗，讓我發現：「這個觀念是錯的。」

在演說時，「用心」是理所當然的事情，但只有這樣還不夠，正因為用「心」，所以才要努力表現出自己所擁有的最佳「技巧」，這就是演說。「心」與「技巧」就像是一台車左右兩邊的輪子，缺一不可。自這次事件後，我這個信念再也沒有動搖過。

「演說」這個字的語源是由「Present」而來。我也是以「想要送給你最好的禮物」這樣的心情，進行這次人生中最好的演說，並且完成了。

我們必須藉著一次又一次的演說，將大禮送給聽眾。這是演說者的義務，也是使命。如果能這麼想的話，所謂的演說，不就是一個非常慎重而神聖的行為嗎？如果每個人都能讓自己的演說技巧更加進步一點，並且盡量帶來更多的大禮，這會是一件多棒的事情！

態度太過於驕傲，實在是不太好意思。不過，這無非是因為我從事的是演說研修講師的工作，所以能感受到這樣的使命。當然我還算是「開發中的人」就是了。

讓我們一起藉由磨練演說的技術，從中獲得收穫，並且讓許多的「禮物」彼此流通，遍及這個美好的世界。最後非常感謝您閱讀本書，在此表達由衷的感謝。如果這本書能成為贈送給你的一個小小「禮物」，就是再好也不過的事了。

ideaman 111
五天變身說話達人(暢銷改版)

原著書名——5日で身につく「伝える技術」
作　　者——西野浩輝
譯　　者——Nyako
責任編輯——魏秀容、何若文
特約編輯——陳書怡
美術設計——謝富智
版　　權——黃淑敏、翁靜如、邱珮芸
行銷業務——莊英傑、黃崇華、李麗渟
總 編 輯——何宜珍
總 經 理——彭之琬
事業群總經理——黃淑貞
發 行 人——何飛鵬
法律顧問——元禾法律事務所 王子文律師

出　　版——商周出版
台北市104中山區民生東路二段141號9樓
電話:(02) 2500-7008　傳真:(02) 2500-7759
E-mail:bwp.service@cite.com.tw
Blog:http://bwp25007008.pixnet.net./blog
發　　行——英屬蓋曼群島商家庭傳媒股份有限公司城邦分公司
台北市104中山區民生東路二段141號2樓
書虫客服專線:(02)2500-7718、(02) 2500-7719
服務時間:週一至週五上午09:30-12:00;下午13:30-17:00
24小時傳真專線:(02) 2500-1990;(02) 2500-1991
劃撥帳號:19863813　戶名:書虫股份有限公司
讀者服務信箱:service@readingclub.com.tw
城邦讀書花園:www.cite.com.tw
香港發行所——城邦(香港)出版集團有限公司
香港灣仔駱克道193號超商業中心1樓
電話:(852) 25086231　傳真:(852) 25789337
E-mailL:hkcite@biznetvigator.com
馬新發行所——城邦(馬新)出版集團【Cité (M) Sdn. Bhd】
41, Jalan Radin Anum, Bandar Baru Sri Petaling,
57000 Kuala Lumpur, Malaysia.
電話:(603)90578822　傳真:(603)90576622
E-mail:cite@cite.com.my

印　　刷——卡樂彩色製版印刷有限公司
經 銷 商——聯合發行股份有限公司　電話:(02)2917-8022　傳真:(02)2911-0053

2008年(民97)04月初版
2019年(民108)08月06日二版
定價320元
Printed in Taiwan　ISBN 978-986-477-677-1　城邦讀書花園 www.cite.com.tw

ITSUKA DE MINITSUKU TSUTAERU GIJUTSU by Hiroki Nishino

Originally published in Japan in 2005 by TOYO KEIZAI INC.

國家圖書館出版品預行編目(CIP)資料
五天變身說話達人 / 西野浩輝著 ; Nyako譯. -- 二版. -- 臺北市 : 商周出版 : 家庭傳媒城邦分公司發行,
民108.08　224面 ; 14.8*21公分. -- (ideaman ; 111)　譯自 : 5日で身につく「伝える技術」
ISBN 978-986-477-677-1(平裝)　1.溝通技巧　177.1　108008310

Idea man